HISTOIRE

PITTORESQUE, DRAMATIQUE ET CARICATURALE

DE LA

SAINTE RUSSIE

Paris. — Imprimerie Lacour et Comp., rue Soufflot, 16.

HISTOIRE

PITTORESQUE, DRAMATIQUE ET CARICATURALE

DE LA

SAINTE RUSSIE

D'APRÈS LES CHRONIQUEURS ET HISTORIENS

NESTOR, NIKAN, SYLVESTRE, KARAMSIN, SÉGUR, ETC.

COMMENTÉE ET ILLUSTRÉE DE **500** MAGNIFIQUES GRAVURES

PAR

GUSTAVE DORÉ

GRAVÉE SUR BOIS PAR TOUTE LA NOUVELLE ÉCOLE

sous la direction générale de

SOTAIN

Graveur de l'Histoire de Russie, de batailles, de portraits, de paysages, de genre, de fleurs, d'animaux, de crustacés et de plantes rares.

PARIS

J. BRY AINÉ, LIBRAIRE - ÉDITEUR

DE L'HISTOIRE DE RUSSIE, DE RABELAIS,
DE WALTER-SCOTT, DE LORD BYRON, DES VOYAGES ET DES VEILLÉES LITTÉRAIRES ILLUSTRÉES.

27, rue Guénégaud, 27.

1854

HISTOIRE

DE

LA SAINTE RUSSIE

O rus, quando te aspiciam!

HORACE.

Qui les meut? qui les poinct? qui les conduict? qui les ha ainsi conseille
Ho, ho, ho, ho! Mon Dieu, mon saulveur, aide-moi, inspire-moi, conseille-moi

RABELAIS.

CONFUCIUS.

L'origine de l'histoire de Russie se perd dans les ténèbres de l'antiquité

Ce n'est que vers le IVe siècle qu'elle commence à se dessiner.

Mais l'ère première de cette histoire n'offre rien d'intéressant.

Les chroniqueurs les plus anciens rapportent que vers l'an 11 ou 11 1/2, le bel ours Polnor se laissa séduire par le sourire plein de langueur d'une jeune marsouine, et que de cette coupable union naquit le premier Russe. Nest.: ap. : et ecc.; gloss. Conrad.; apud. Sev.! : ? et q. s.)

On lit cependant chez quelques autres *pingouine* pour marsouine. (§ IIC, eccl. t. 816 : et apud Gall. : int. : et contra : § IIXIIV etenim vero : ? sed in. imp. : de tit. 181.)

Aussi bien des esprits érudits se sont-ils, depuis, battu les flancs pour forger des suppositions, plus tirées par les cheveux les unes que les autres.

¡Mais ce n'est pas à nous de nous laisser étourdir par ces torrents de savoir inutile... »

Et c'est de cet incrédule et orgueilleux sourire, cher lecteur, que je te conseille d'accueillir ce qu'une folle érudition ou une haine aveugle du nom russe ont pu seules inspirer.

Du reste, remonter à la source de cette histoire ardue équivaudrait à remonter les Ourals ou...

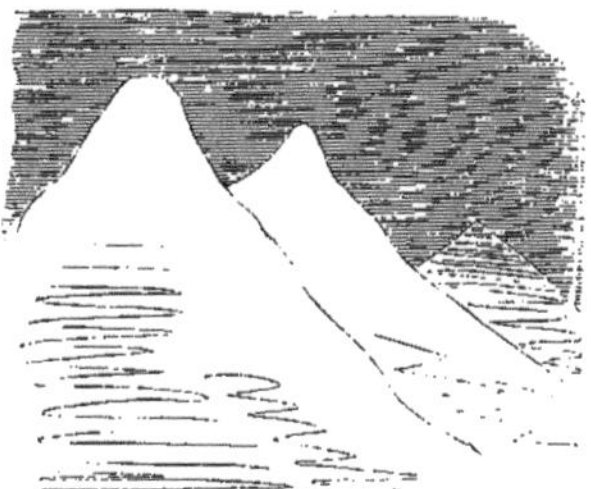

Ce qui serait d'une froideur glaciale.

Nous voici enfin arrivés à l'époque où l'historien, appuyé sur des documents sérieux et authentiques, peut, à l'aide du talent et de la concision, devenir clair, suivi, je dirai même intéressant.

Les Essklwons, ou Esclavons, ou Sclavons, et plus tard Klaws, Slaves ou esclaves, du mot *slavia* qui, dans leur diome, signifie gloire, étaient les mêmes que ces Wepdrognwiens ou Wolpolodrgswliens ou mieux Petchenègues que nous avons vus si souvent infester les régions septentrionales, et que nous verrons plus loin sous le nom de Golwsphriens ou Snsplglpdswiths (et par corruption Poldniwgkariksss) passer la Dwlarzwirrwka (aujourd'hui Deneper ou Dniéper), où 56,813 restent engloutis, sans compter les femmes, les vieillards et les petits enfants, et se confondre avec les races Threrwpnmdplwisses ou Prtwpduckgniennes, connues vulgairement sous le nom de Vogoulles, Tchermisses, Touwaches, Permiens, autrefois Biarmiens, Finois, Lapons, Estoniens, Roussalki, Pollowtzi, Hossars, Kiwiwthes, Whgptstv, Huns, Bulgares, Ougriens, Krwngpthgntklss (car c'est par erreur qu'on écrit Hragnwkpstwsklmtsss), etc., etc., etc., etc. Ces hommes vagabonds menaient la vie pastorale; ils étaient *pastores*, *pastyri* ou *pastovkli*. Ils portaient ce nom parce qu'ils faisaient paître leurs troupeaux (*pascere*, *pasti*, πασμαι, qui en grec signifie posséder. Mais revenons à notre sujet. La fortune de ces pasteurs consistait en brebis, *oves*, *owsti*, οις et avec le digamma οϐις; en bœufs, βος, βιξ, βους. Ils devaient se garantir des bêtes féroces, *fera*, *wer*, ζηρ et chez les attiques φηρ ... αι. Aussi trouve-t-on dans le dialecte slavon beaucoup de ... facio, λεγομαι; cubo, facere ... dormio ... dopnovites, du mot ... rete ... *plyt*, *plyvou* (naviguer ... πλειν, πλεω, πεπτω (je plai ... et dans le mot dolgor il n'y a

Le siècle suivant continuant à présenter une suite de faits aussi incolores, je craindrais, ami lecteur, de vous indisposer contre mon œuvre, dès le début, en vous accablant de dessins trop ennuyeux. Toutefois mon éditeur, en homme consciencieux qu'il est, m'a vivement engagé à en laisser la place indiquée, afin de prouver qu'un historien habile peut tout adoucir sans rien passer.

Immolation sur l'autel de Péroun des citoyens accusés et convaincus d'avoir parlé franchement.

Les anciens Russes adoraient Péroun, dieu de la paix, des moissons, des armées, de l'amitié, du commerce, de la guerre, de l'honneur, de la gloire, de la ruse, du mensonge et de l'orthodoxie, etc., etc., etc.

Cette religion ordonnait expressément qu'on respectât les serpents et autres reptiles.

Les prêtres ne négligeaient aucune occasion d'ajouter à ce précepte la sanction du fouet. Aussi est-ce de cette époque reculée que date le knout, mot qui, dans le dialecte laconique et expressif des Slaves, signifie moyen de persuasion ferme, constant, incisif et seul capable de dépouiller le vieux Russe de sa rude enveloppe.

Les anciens Russes faisaient grand cas des femmes, par lesquelles ils étaient d'avis de se laisser conduire en tout et pour tout.

2

Lasse de n'être gouvernée que par ses instincts et ses goûts, la nation russe songe un jour à se choisir un chef.

Le débat étant terminé, les partis tombent d'accord sur un point : c'est qu'il faut un homme complet pour gouverner une nation. On se met donc en devoir d'en chercher un parmi les survivants ; mais on ne rencontre aucune nature assez entière pour le commandement.

Ils se voient donc forcés de demander au pays voisin, l'Asie, de leur envoyer de quoi choisir.

Au sortir de la boîte, Rurik se fait préférer en prouvant d'emblée qu'il a un esprit plus tranchant et surtout un cerveau mieux assis que ses frères.

A peine monté sur le trône, Rurik marche sur Constantinople.

Puis il s'en retourne,

et meurt de coliques néphrétiques.

Igor, son successeur, marche sur Constantinople.

et s'en retourne à Novogorod,

où il ne tarde pas à mourir de coliques néphrétiques.

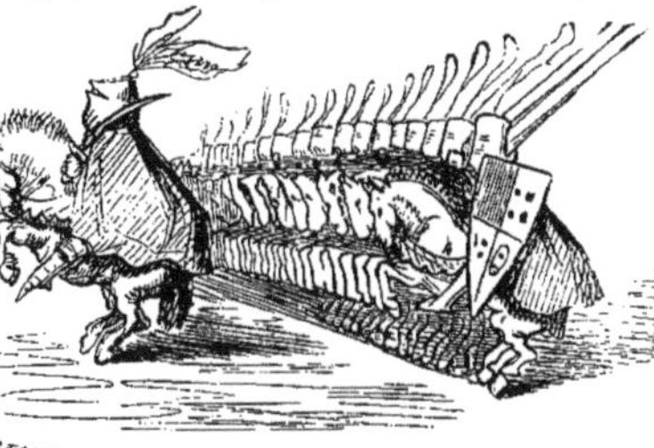

Oleg, son successeur, marche sur Constantinople,

et s'en revient chez lui,

où le mal de ses pères ne tarde pas à l'achever.

Atteint du même mal de famille (*czarina colica*), siaslaw, à son avénement au trône, consulte son médein, qui s'empresse de lui dire que tout cela n'est qu'une lusion, et qu'il n'a besoin que de prendre les eaux de a mer Noire au riant pays de Turquie.

Rassuré par ces paroles, Isiaslaw se rend à sa destination en déclarant qu'il en reviendra plus fort qu'un Turc.

Mais l'accueil qu'il reçoit à cet établissement de santé le froisse ellement que, de colère, il y rompt tous ses vaisseaux sans gain.

Isiaslaw, en s'en retournant, maudit les vents qui lui furent contraires.

Mais des vents plus contraires encore étant survenus, il y perd le souffle.

Au même instant, Vassili, esprit prompt et énergique, profite du déboire général pour se proclamer successeur d'Isiaslaw, et s'écrie de toute la force de ses poumons qu'il n'y a plus qu'une seule planche de salut : c'est lui.

L'illégitimité de cette élection ayant jeté le peuple dans les plus grands relâchements, son fils Igor, que cela indigne, fait retomber sur lui ces symptômes alarmants.

— Mais, en somme, voilà bien des coliques; et je ne sais jusqu'à quel point mon impartialité, d'une part, et la décence, de l'autre, me permettent de continuer à n'être qu'un narrateur exact. —

Igor, son successeur, se rend au plus vite à Constantinople, et nonce au concierge de la Porte, qui hésite à tirer le cordon, qu'il vient que pour proposer un traité, oh ! mais là, un traité impossible violer dorénavant sans se mettre l'Europe à dos; que du reste il a derrière lui, les mêmes hommes que ceux de 1812.

Sur quoi, les Turcs, qui n'ont jamais aimé les jeux de mots, répondent que c'est ainsi qu'ils entendent les traités.

Après la mort d'Igor (1), la régente Olga identifie de bonne heure le prochain czar aux exigences de la politique russe.

Elle lui démontre aussi combien la solitude parfaite développe chez l'homme la faculté de penser, en concentrant sa logique sur la fameuse devise de Socrate, γνῶτι σεαυτόν (ne connais que toi-même) si nécessaire aux czars.

Néanmoins la sage Olga ne néglige pas de développer, par les rudes manœuvres des camps, le physique du jeune czar.

La sage Olga se voyant recherchée par divers partis assez brillants, en connaît un meilleur encore, c'est d'éteindre au plus vite les feux de ses prétendants.

Aussi, l'instant d'après, ne peut-elle songer à cet attentat à la morale publique sans que les roses de la pudeur colorassent ses joues.

Vertus farouches des anciens temps, où vous êtes-vous envolées !

Le même jour, à souper, ses ministres lui ayant donné à entendre que le pays est en proie à des troubles intestins, cette princesse sévère, mais juste, fait retomber sur eux leurs propres paroles.

Ayant donc établi la paix au dedans sur des bases durables, la sage Olga tourne ses vues du côté de l'Orient.

(1) Il devient inutile de dire de quelle manière meurt un czar.

Tournant à son profit l'expérience de ses prédécesseurs, qui ont tous échoué devant Constantinople, Olga puise dans sa nature de femme essentiellement astucieuse l'idée d'incendier la ville au moyen de moineaux porte-mèche.

Cette tentative reste sans résultat.

Mettant alors en avant les moyens les plus puissants que la nature lui a donnés, la beauté, Olga jure au concierge de la Porte que sa passion pour lui va toujours en *croissant*, mais le bonhomme, auquel la polygamie a donné deux doigts de scepticisme, voit de suite quelles clés on préférerait à celles de son cœur.

Je respecte trop la beauté d'Olga pour vous bien dire comment elle mourut ; mais, ce qui est connu de tous, c'est que cette reine sans entrailles s'en sentit de brûlantes à sa dernière heure.

Toutefois, la sage Olga avait prévu sa fin assez à temps pour couronner son fils en présence de la nation.

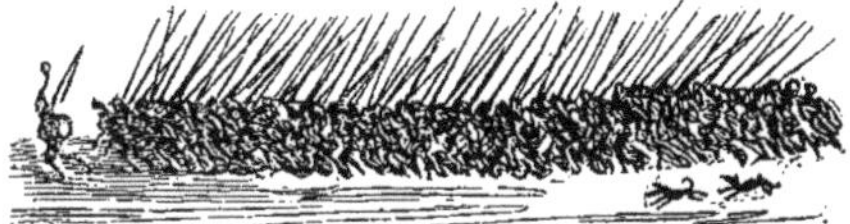

Isiaslaw II, à son avénement au trône, lève une armée et va déclarer à ses voisins que c'est la paix qu'il veut et qu'il est décidé à l'acheter à tout prix :

A de pareilles protestations, ses voisins ne peuvent réprimer un mouvement de surprise

C'en était déjà trop ; ce ne pouvait donc plus être qu'une guerre à mort, aussi le premier choc fut-il terrible, comme vous pouvez penser.

De mémoire d'homme on n'avait vu croisement de fers aussi violent.

Sur ces entrefaites, les rigueurs du climat viennent jeter le plus grand trouble dans les combinaisons stratégiques,

et rendent l'issue du combat tellement douteuse que chacun croit devoir entonner son Te deum.

Le chroniqueur Nestor penche pour que tous deux aient été vainqueurs.

Mais Nikon, de son côté, penche pour que tous deux aient été vaincus.

Avant de quitter le champ de bataille, le fils d'Isiaslaw, homme très facétieux, lui fait observer que s'il veut régner, ce sera dans un état très démembré.

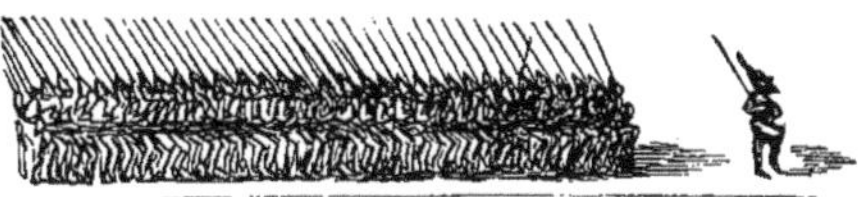

A son avénement au trône, Wiatcheslaw déclare que le sang le tracasse et qu'il a besoin de marcher sur quelque chose, n'importe quoi, son frère Mistlaw, par exemple.

Après quelques jours de marche, il rencontre celui-ci qui venait d'entrer en campagne pour la même idée.

— Et puis! vilain, lui crie-t-il du plus loin qu'il l'aperçoit, d'où te vient l'outrecuidance de me résister; pygmée, insecte, pou, puce, punaise, que j'écraserais d'une chiquenaude si ton titre de parent ne m'en imposait; où est ta puissance, où sont tes forces, où sont tes hauts faits, infâme et insensé provocateur? oui! fais bien tes mines, voilà qui te va bien! Ah! puisqu'il en est temps encore, crois-moi, cède-moi tes États et nous vivrons en paix; si, au contraire, la perfidie des tiens ou ta propre folie te conseille de prendre le parti contraire, c'est qu'alors ta dernière heure a sonné. Vois plutôt derrière moi ces masques terribles et vengeurs: songe que ce sont les mêmes hommes que ceux de 1812: J'ai dit...

— Ai-je bien entendu, répond Mistlaw; oreilles, mes amies, ne vous trompez-vous pas? on me parle de puissance, à moi dont l'empire s'étend depuis le Don jusqu'au Tanaïs, moi dont le seul nom fait trembler l'univers, qui deviendrait ma proie si je le voulais bien; moi le grand Crocodile, le grand chef... Ah! ta jactance t'aura coûté bien cher! frère, que je te plains! c'est ton arrêt de mort que tu viens de prononcer; te voilà donc perdu, anéanti, mais conviens que c'est toi-même qui l'as voulu.

— A la bonne heure, il ne te manquait plus que la blague pour compléter le barbare; non, vois-tu, laisse-moi rire d'abord, y de ces choses trop drôles pour que, etc., etc., etc.

— Tout beau! mon ami, nous sommes facétieux; au reste, en bon frère que je suis, j'aime mieux te voir gai jusqu'à l'instant malheureux de ton exécution, car, etc., etc., etc.

— Çà ! en garde, maroufle, sommes-nous ici pour gouailler... Tu es perdu, j'en conviens, mais si tu es un homme, apprête-toi au moins à être beau en mourant..., etc., etc., etc., etc.

— Et maintenant, si l'envie te prend d'approcher : voilllà... Mais un mot encore : mon territoire s'étend depuis le Don jusqu'au Tanaïs; mon empire, le seul empire du monde, dont il occupe le tiers, mon empire, dis-je, etc., etc., etc.

— C'en est trop, misérable fanfaron, apprends donc ce que c'est que la colère d'un czar ! Plus de pitié pour toi et les tiens; vois déjà ton crâne prêt à me servir de coupe à mon souper de ce soir. Et vous ! mêmes hommes que ceux de 1812, frappez, ruez, piaffez; ce n'est plus une nation, c'est un czar que vous défendez.

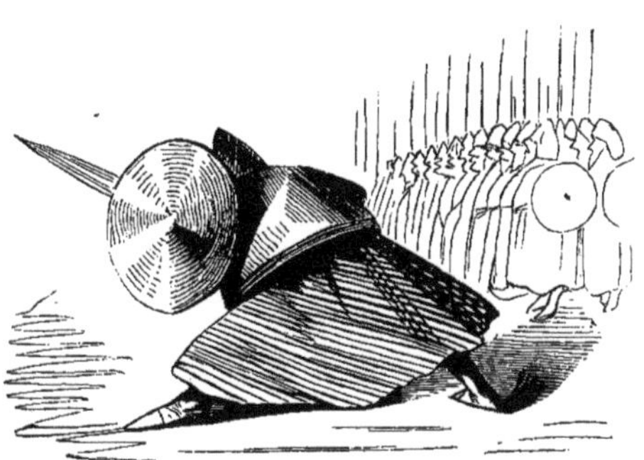

— Eh bien ! meurs donc, puisque tel est ton désir; et puisque décidément tu as perdu le sens, je vais me charger de te le répandre. Mais; car, etc., etc., etc., etc.

— Mais à quoi bon me salir à de pareilles menaces; ne crois pas non plus que je m'humilierai à à combattre avec toi corps à corps; envoie-moi ton champion, j'en ferai autant de mon côté.

— C'est précisément la même observation que j'allais t'adresser.

Nota. Il nous est impossible de consigner ici le texte complet de ces insultes réciproques que, du reste, on peut trouver, si on le veut, dans le tome II des Chroniques de Nestor.

4

Wiatcheslaw envoie donc dans la lice un *rempart du nord,* autrement dit : *terrible savoyard,* d'assez intimidante apparence.

Mais Mistlaw, qui ne se décontenance pas, lui répond par l'athlète le mieux épaulé de son empire.

L'issue de ce combat singulier dément les prévisions générales.

Aussi les Varéges s'empressent-ils de déclarer qu'il y a eu surprise, et que, par conséquent, le combat doit être déclaré nul et à recommencer. Les Russes, auxquels cette observation paraît dénuée de fondement, s'empressent de démentir l'accusation portée sur leur champion. Or, on sait ce que vaut un démenti. La discussion dépasse donc inopinément les bornes de la politesse parlementaire. La mêlée devient terrible; l'esprit de désordre, les partis nombreux, les ennemis multipliés de Wiatcheslaw changent la question en un vrai nœud gordien. Quatre usurpateurs : Ruitcheslaw, Wintkcheslaw, Enoutcslaw et Furiaslaw, se succèdent rapidement dans la mêlée, en se détrônant l'un l'autre; les branches czariales se perdent, s'anéantissent, et voilà le pays dans la plus grande anarchie! Mais au bout de deux ans de mêlée, Jaroslaw, homme sage et bon, russe, mais honnête, pacifique et libéral, séduit la multitude par la douceur de ses paroles, et se fait reconnaître czar.

Nous arrivons enfin au premier règne pacifique, au règne florissant du sage Jaroslaw, qui fait pénétrer, le premier, les lumières jusqu'au cœur de cette nation barbare.

Aussi voit-il avec bonheur que ses sujets y mordent à l'envi.

Et que déjà l'amour qu'ils portent à la *graisse* les fait se battre pour elle.

L'année suivante, il crée son fameux Code, où il fixe le prix de chaque membre enlevé à son prochain ; d'où il résulte que le prolétaire, désireux de se créer une existence honnête et aisée, ne se lasse pas de se faire détériorer par le riche.

Aussi mesurait-on sa colère à sa bourse, et vit-on toujours les citoyens la consulter avant d'en venir aux mains,

Ce système permet aux boyards de compter dorénavant leur mauvaise humeur au nombre de leurs menus plaisirs.

Cependant cette paix prolongée congestionne le cerveau des Russes habitués à répandre leur sang tous les mois ; aussi ces malheureux se voient-ils forcés de demander à la chirurgie des saignées factices.

Et l'un des champions reculer à la vue de la bourse adversaire.

Jaroslaw, sentant sa fin approcher, recommande à ses cinq fils de s'aimer et s'entr'aider.

Mais après la mort du sage monarque, les cinq prétendants s'entredévorent avec une telle fureur qu'il n'en reste plus que les cinq casques.

A son avénement au trône, Sviatopolk, seul rejeton de cette race mangée, reçoit la visite de députés polaniens qui viennent implorer la paix.

Irrité d'un procédé aussi bas, Sviatopolk les fait livrer aux bêtes.

Étonnés de cette façon d'agir, les Polaniens usent de représailles envers les députés russes, qu'ils font plonger dans de sombres cachots.

Surpris d'un procédé aussi farouche, Sviatopolk fait crier dans tout son empire que la grande tuerie va enfin commencer.

Tu ris, lui répond son peuple qu'il trouve en train de manger de bon appétit et de jouer à des jeux innocents

A ces mots, le visage du czar s'empourpre d'un violet si ardent que ses sujets comprennent que c'est du sang qu'il lui faut verser.

Aussi, arrivé au lieu du combat, Sviatopolk reconnaît que l'esprit de ses sujets est plus pénétrant qu'il n'avait pensé.

Etonné autant qu'indigné de pareils traits de la part des siens, Sviatopolk s'en va demander du secours à ses frères.

Enchantés de trouver un prétexte de guerre, ceux-ci persuadent à leurs sujets que le changement d'air est une loi d'hygiène.

Aussi, l'ennemi qui a eu vent de ce propos, s'empresse-t-il de leur conseiller pour système l'hydrothérapie, et leur offre la Stugna pour baignoire

Mais Sviatopolk qui n'aime pas l'esprit d'à propos et de badinage, sort de l'eau décidé à laver un outrage aussi sale.

Arrivé dans *celle* du trône, il trouve malheureusement quelque chose de plus badin encore : c'est môssieu son fils qui se déclare surpris de trouver son père encore *debout*.

A ce jeu de mots si déplacé dans une circonstance aussi dramatique, le malheureux père lui demande avec une voix altérée par les larmes, s'il songe bien à ce qu'il dit : « Vous vous trompez, mon père, répond Vladimir, je suis loin de me faire un jeu de vos *maux.* »

C'est alors que Sviatopolk, ne connaissant plus de bornes à sa douleur, répand les larmes et le deuil autour de lui.

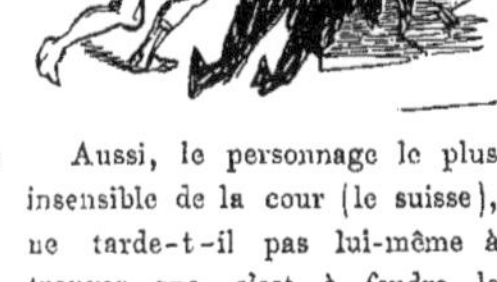

Aussi, le personnage le plus insensible de la cour (le suisse), ne tarde-t-il pas lui-même à trouver que c'est à fendre le cœur.

Après avoir pleuré amèrement, et de son mieux, une existence si injustement éprouvée par le malheur, Vladimir, soudain, se rappelle avec mélancolie que les larmes ne sauraient être les loisirs des grands, et combien d'impérieux et de cruels devoirs sont attachés à la couronne : le mariage en premier, cette abnégation du cœur, cet adieu à l'imprévu, au-devant duquel il marche sans crainte par amour pour les siens. Les plus splendides beautés du pays sont réunies afin qu'il fixe son choix.

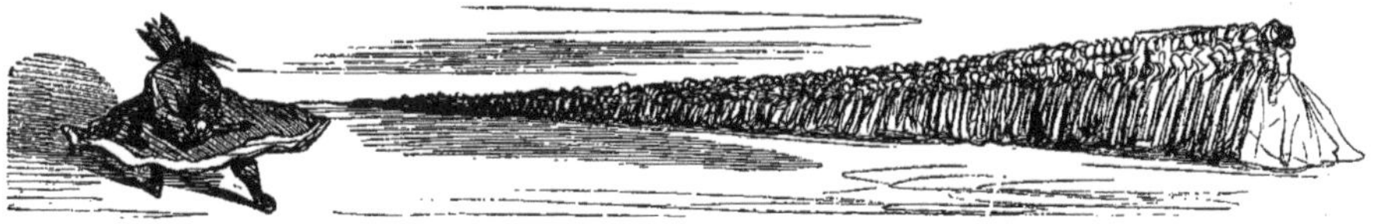

Entre les cent son cœur balance.

Si bien et si longtemps, qu'au bout de trois jours d'hésitations, il trouve que les femmes qu'on lui a présentées perdent fort à être longtemps vues.

Néanmoins, il arrive à fixer définitivement son choix.

Bien qu'un amour sincère eût toujours paru à Vladimir une condition essentielle au bonheur conjugal, ce n'est pas sans peine qu'il voit la façon ardente et brutale avec laquelle les épouses se disputent son cœur.

Aussi, tant de laideurs morales ne tardent-elles pas à lui donner les plus profonds dégoûts.

Ces dégoûts furent sa mort. Voyant sa dernière heure approcher, Vladimir considère avec inquiétude la multiplicité de sa race, et songe pour la première fois aux vices de la polygamie, chez un czar surtout. Il a l'idée tardive d'instituer le droit d'aînesse, mais les forces le quittent déjà; ce qui sort de sa bouche est de plus en plus confus.... il expire....

Aussitôt après, la postérité vladimirienne reconnait d'un commun accord que le droit de succession est sujet à des mêlées.

Le territoire russe devient bien vite le théâtre d'une immense guerre civile; chaque famille devient un parti, et se hâte de se fortifier dans son opinion.

Au bout d'un an (ô bonheur!), les partis semblent enfin se confondre, et tombent d'accord sur le genre de gouvernement qu'il faudra adopter. Toutefois, il reste à discuter le plus ou moins de mérite de chaque candidat au trône.....

« Si Wassili, disaient les uns, a pour lui la beauté et la force, il n'aura jamais la sagacité et l'énergie de son frère Mikhail. Songeons cependant à Gleb, qui a pour lui la douceur et l'éloquence. — Qu'est-ce que tout cela, disaient d'autres, à côté de la dissimulation de Rostislaw. — Nous avons notre homme, disaient de nouveaux venus : force, vivacité, bonté, talent guerrier, mansuétude, etc., Roman réunit toutes ces qualités en lui. — Fi donc! répliquaient d'autres, le génie de Georges doit forcément éclipser tous ces impuissants rivaux...., etc., etc., etc., etc., etc.

— Cependant, disaient la plupart de ces logiqueurs, pourquoi ces haines ardentes et tenaces, ces passions aveugles, ces ambitions implacables, ces contestations éternelles? N'est-ce pas là, vraiment, le rôle que jouerait une nation encore barbare?

— Sans doute, répondirent les autres, n'est-il pas honteux pour des peuples civilisés de sembler se complaire dans les horreurs d'une guerre civile?

— *Si vile*, répliquaient les premiers; d'où vient ce mot? qu'on rosse les insolents!... » Et de là, revirement de coups.

Où peut conduire, dirent-ils enfin, ce sentiment d'égoïsme, cette ambition personnelle qui pousse chacun à vouloir gouverner? Avant de convoiter la couronne, sachez donc d'abord quel en est le poids. Et puis, en définitive, si tout le monde veut être roi, il n'y aura plus de sujets. Pââârbleu!

C'est dans ce temps de convulsions que vivait le bon chroniqueur Nestor, moine de Kiew, le seul Russe qui sût écrire à cette époque, et auquel nous sommes redevables du précieux récit qui précède, et que mon respect pour les chroniques ne me permet pas d'altérer. Resté seul à écrire dans sa cellule, il ne se doute pas que le couvent qu'il habite est démantelé par la guerre civile.

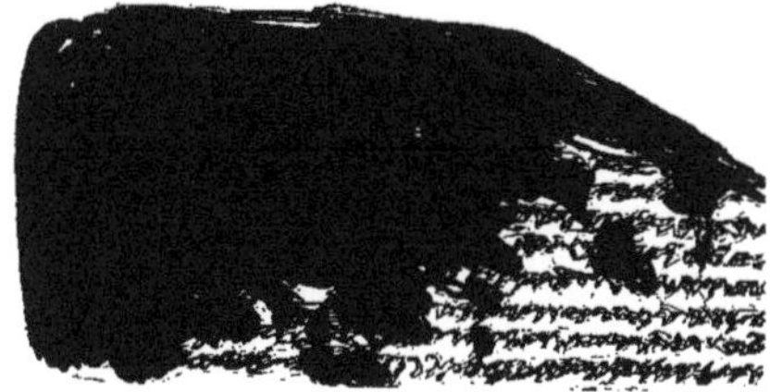

Le pilier sur lequel repose sa cellule ayant été violemment heurté, l'encrier de Nestor se répand sur ses écrits, ce qui est cause de l'obscurité si grande de cette époque de l'histoire russe.

La première ligne qu'on lit au bas de la tache d'encre, c'est que vingt ans de luttes se sont écoulés, que les partis, à bout de ressources, ont suspendu leurs hostilités, et que les liaisons se sont renouées.

Qu'au surplus, André est monté sur le trône et que le calme le plus plat règne dans le pays.

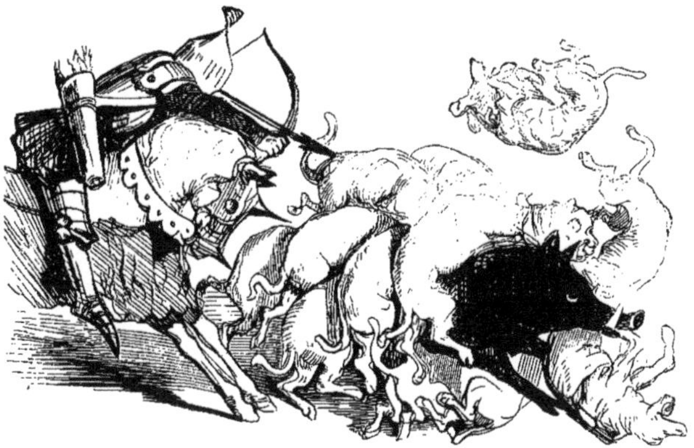

A André succède Bruteslaw, le grand chasseur.

A Bruteslaw succède Bafreslaw, le grand mangeur.

A Bafreslaw succède Blagueslaw, le grand parleur.

A Blagueslaw succède Wiseslaw, le grand tireur.

A Wiseslaw succède Bondislaw, le grand sauteur.

A Bondislaw succède Kaloslaw, le bel homme.

A Kaloslaw succède Furieslaw, la belle cuirasse.

A Furieslaw succède Drolislaw, le beau panache.

A Drolislaw succède Crineslaw, la belle barbe.

A Crineslaw succède Kwardeslaw, l'ami des bêtes.

A Kwardeslaw succède Acuislaw, l'oculiste.

A Acuislaw succède Cordiaslaw, le prince séduisant,

et, plus tard, le bourreau des cœurs.

A Cordiaslaw succède Sporteslaw, le grand cavalier.

Nota. J'ai négligé de dire que chacun de ces bons czars a demandé à la ville de Constantinople si elle voulait se rendre, et est mort de la *czarina kolika*. Mais cela va sans dire, et comme dorénavant je ne veux pas tomber dans des redites monotones, je vous engage à le penser de chacun des czars, chez lequel je ne signalerai pas ces actes.

A Sporteslaw succède son fils Bruslesław, qui profite du moment où il fait caracoler sa bête pour monter sur le trône.

Mais au retour de la promenade son père le destitue.

Ce qui ne convient pas à madame son épouse, qui s'empresse de lui faire rendre ce qu'il a pris.

Mais le lendemain matin, vers 6 h., la nation lui a déjà fait sentir qu'on ne s'impose pas à elle impunément.

Entre 8 et 8 1/2, Iouri, son successeur, se voit en butte aux contestations des partis ; l'instant d'après, il trouve que la question se hérisse singulièrement.

Vers 9 h. 3/4, le SENS de la question s'étant très étendu, ces parlementages secrets viennent à transpirer au dehors.

Mais notez que, depuis 8 h. 1/4, huit princes se sont succédé.

Ce qui donne le plus grand tintoin à la direction des archives.

Et à l'administration des pompes funèbres.

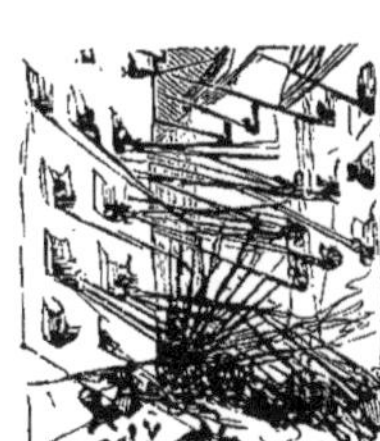

Vers 9 h. 1/1, un parti violent se déclare à Nowgorod pour le prince décédé.

Aussi, Griffouslaw, qui régnait depuis un quart d'heure, trouve pressant d'étouffer ces germes d'insurrection.

Se voyant contraints de s'enflammer pour leurs opinions, les Nowgorodiens sortent de leurs gonds.

Vers midi et demi, les nombreux partisans d'Iouri pleuraient déjà une branche effacée.

Mais aussitôt, le devoir impérieux de créer une nouvelle légitimité les oblige à sécher leurs larmes.

Mais retournons bien vite dans la salle du trône, où Crudeleslaw et ses trente-cinq descendants se sont déjà succédé avec une rapidité impossible à saisir, même par l'historien le plus perspicace. Chacun d'eux, bien entendu, a marché sur Constantinople, a commenté l'orthodoxie grecque, est mort de dégoûts, et a fait tout ce qui concerne son état.

La facilité avec laquelle on s'empare du trône conseille l'ambition à une foule de gens, qui, vers 2 h. 1/2, font irruption dans la salle du trône.

Plusieurs d'entre eux réussissent à se faire reconnaître et savent vivre et mourir en vrais czars.

Mais, vers 3 h. 1/2, l'encombrement d'ambitieux devient tel au palais qu'il est impossible d'y respirer plus longtemps.

Au coup de 4 h., le trop plein fait éclater le bâtiment.

Lancé avec une force extraordinaire, le trône s'en va tomber à Moscou, qui désormais devient le siége de l'empire.

* Mais aussi l'empire des siéges.

NOTES ET PIÈCES JUSTIFICATIVES

Greg. Nab. de hist. gr. et apud. Valp , § 347, tom. 8, in dissert. sub et adv. pro et contr. sed gen. et Cat. vol. 1., § 2341. Tom. XIIIVIX. gr. R. S. pr. 1871. absc. controv. et diss. de super ind. A. B. oBr., § N° 1, ❄ ind. in d. sed. pr. de histor. Slaw. et brev. glossarium et ling.?? (Tom. XII, § XVI, D. A. B. (·ɓ). Atque Diff. Calpurn. § 6 ?? her. et Plin. Juv. de lat. et grec. comm.? ling.T. XII. Grat vuln. sed pro contra atque in vero enim. Crin P. XIII, t. XV. Gr. hor. cord.? diem rebus.; cognosc. 1893246, T. XII, Indiff.? (!) Br. et gr. gall. sin. seg. Καρδίκν Mac et in ανάγκη Αχίλλαι ΘμυΥ. Caln Bringzingcouz 169. voll. in octavo. Bris. Amsterdam 1349. — Et apud Sidn. od. magn. de nat. mosc. descr. et mor. brag. enim, sed? Atque G. V. XII (.) de gloss. Valp. t. XVIVXI. De super contra. insc. non et in anno 1313. — 1412 vel in greg. anno 1411. — 1501 herod. regn. ins. gan. pro, sed, contra procul? Tit. VI, vol. de Insurr. Nord. et prec. inde; non (—) n X P N. 3191 gran. in. od. atque. prat. Tit. cat. sen. non inv. ( ) = : : anno 313. — 1417 premat. et philos. ant. et procul inde ven. 147. T. XIII, § 12, spsr., etc., etc., etc.

Cette turbulence incessante des Russes avait jeté une affreuse consternation chez leurs voisins Tatars et Mongols, qui croient le moment enfin venu de mettre leurs doigts à la pâte. Notez bien que jusqu'alors ces barbares avaient été tranquilles, dans l'oisiveté, et que l'oisiveté, chez des peuples semblables, cache toujours des idées d'*occupation*.

Troublés par une pareille diversion, les Russes s'empressent d'aller offrir à Usbeck-Khan, chef de la horde, une quantité immense de peaux de lapins en échange de leurs anciennes libertés.

Ce procédé étant resté sans résultat, les Russes opèrent une sortie vigoureuse, en criant leur grand adage : *Dieu et Nowgorod sont imprenables*, ou bien encore : 1812 ! 1812 ! reparais, reparais !

Fort peu effrayés par une pareille résistance, les Tatars-Mongols font savoir à leurs compatriotes et aux amis de leurs amis qu'il en coûte fort peu de conquérir un pays où l'on se bat avec des adages. Ceux-ci, qui ne sont pas hommes à se faire dire deux fois de pareilles choses, improvisent de suite une seconde armée envahissante.

D'autres, qui ont eu la patience d'attendre quelques jours encore, ont le temps de s'organiser en corps réguliers.

Et bientôt le sol de la Russie disparaît sous un flot sans cesse accru de barbares asiatiques.

Arrive l'instant où la Russie est pleine jusqu'aux bords et où les barbares, commençant à se sentir quelque peu gênés dans leurs mouvements, trouvent qu'ils sont venus en trop grand nombre, et que l'enthousiasme fait commettre bien des erreurs.

ussi, aux alentours des villes, ne pouvant ni avancer, ni reculer, ils se voient obligés d'essuyer le feu des forts.

Après avoir bien constaté que le nombre des barbares les rend inoffensifs, les Russes ne craignent pas de descendre de leurs remparts, et de faire d'eux ce que l'on fait de la crême quand on veut en faire du beurre.

La quantité de Tatars-Mongols morts et blessés encombre tellement le sol qu'il devient impossible de le déblayer ; ce qui amène promptement une peste tellement meurtrière que les seigneurs se voient obligés de recourir aux plus énergiques moyens de désinfection.

Le sol russe, demeurant captif, se voit dans l'impossibilité de produire ; d'où il suit une famine cruelle, second fléau plus terrible encore que le premier, auquel les seigneurs font face comme ils peuvent.

Sur ces entrefaites, le sagace Ivan, dauphin de Russie, voyant les nombreux griefs que le peuple doit avoir dans ce moment contre le gouvernement des seigneurs, cherche à se gagner les masses en arrêtant au lever de la table les pas déjà chancelants de la féodalité.

Le lendemain de ce jour, le sage Ivan, s'étant reconnu czar de toutes les Russies, essaie de la popularité en déclarant que les premiers seigneurs doivent être les premiers saignés.

Puis, se retournant vers son bon peuple, il lui demande s'il se trouve suffisamment vengé.

Suffisamment vengé, le peuple russe déclare à Ivan que lui, à son tour, veut venger son czar, en se délivrant à jamais des incursions ennemies. « Mais il n'y a plus d'ennemis ! » observe Ivan — Il doit y en avoir, répond son peuple, et rien au monde ne saurait retenir notre enthousiasme patriotique.

Désespérant de contenir l'ardeur des iens autant que de les voir réussir, le age Ivan monte à la tour la plus élevée le son palais, et, de là, il aime encore suivre la course folle de ses sujets ndociles.

Quand il les a perdus de vue, il cherhe des consolations dans la lecture de on bon Machiavel, ouvrage dont il était arvenu à se procurer un exemplaire, inquante ans avant qu'il fût écrit.

Les Cosaques volontaires ont bientôt atteint une horde quelconque de gens de bonne volonté et de bonne guerre.

Mais ceux-ci, ayant soutenu le premier choc avec avantage, tuent aux Cosaques 2,859,340 hommes, sans compter les femmes, les vieillards et les petits enfants, et leur imposent un tribut de guerre en bestiaux.....

Voyant qu'on leur parle de tribut en bestiaux, les rusés Cosaques ont l'idée de le donner le mieux conditionné possible, ce qui leur tient lieu de revanche, comme on voit; et c'est de cette astucieuse offrande que leur est resté le nom de *Cosaques du don*.

A leur rentrée triomphale à Moscou, les volontaires russes, admiant la hauteur à laquelle se trouve leur czar, s'empressent de le arnommer *Ivan-le-Grand*.

Ce qui émeut le modeste autocrate au point de faire perler une larme sous ses longs cils bruns.

Modeste et contenu en face de sa gloire comme un vrai fils de Machiavel, le sage Ivan conseille à deux de ses capitaines, qui s'enorgueillissaient outre mesure, de savoir plutôt donner du poids à leur victoire.

Enhardi par ses succès, Ivan parcourt en vainqueur les pays conquis, et poursuit même au-delà des limites *connues* le cours de ses exploits

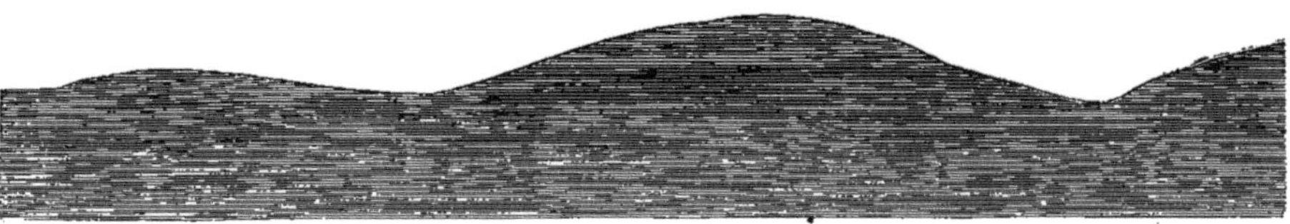

Après avoir passé les monts où râlent sans cesse l'ourse et la louve affamées, il découvre le pays de Sibérie, qui lui semble de bonne prise.

C'est ce qu'il lui est bien aisé de reconnaître en voyant l'étonnement général de son armée glacée des froids.

Cependant rien ne résiste à leur course dévastatrice, et quelques naïfs blaireaux, qui avaient eu vent de l'invention toute récente de la peinture, conçoivent quelques opinions erronées sur les motifs de cette invasion.

Arrivé devant Tobolsk, capitale du royaume, Ivan fait cerner la ville. Toutefois, il déclare qu'il va faire retirer ses troupes sur-le-champ, si le roi de Sibérie veut avoir la raison de lui laisser exercer un généreux et juste protectorat sur les quelques blaireaux et moutons de la contrée ayant pour foi l'orthodoxie grecque, et si, au surplus (mais ce point est d'une moindre importance) il veut bien lui laisser gouverner le pays un tantinet.

Aux mots d'*orthodoxie*, *bienveillance*, *fraternité*, les Tobolskois, consternés et ne se trouvant pas en nombre, demandent à capituler

Mais les Russes, qui sont très méfiants et qui ont toute espèce de raisons de craindre que l'on ne joue sur les mots, veulent s'assurer préalablement s'ils parlent vrai.

Sur ces entrefaites, il vint à neiger, mais d'une façon vraiment sibérienne.

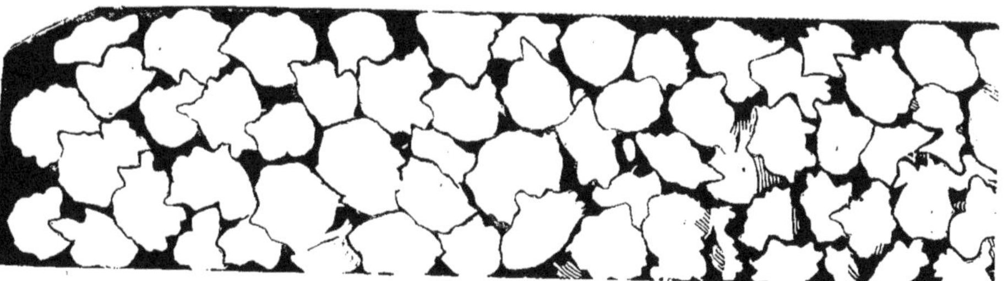

Le ciel s'obscurcit sans cesse, les flocons se resserrent de plus en plus : on n'a jamais vu temps pareil.

La neige tombée, l'armée russe se trouve paralysée dans ses opérations.

C'est alors que les Toboiskois font une vigoureuse sortie, et, si peu nombreux qu'ils soient, désarment sans coup férir les injustes conquérants.

Mais les Russes qui, en toute affaire, ont une porte de derrière, sont arrivés à se frayer sous la neige un chemin dont ils ouvrent l'issue dans les cabanes restées vides, et d'où ils se précipitent sur leurs naïfs ennemis avec une fureur dont rien n'approche.

De leur côté, les Sibériens, ne voulant pas laisser une seule lance à la disposition de l'ennemi, s'avancent armés jusqu'aux dents.

Aussi les Russes leur démontrent-ils par de simples chiquenaudes sur les doigts la naïveté de ce procédé.

L'instant d'après, 2,750 Sibériens sont passés au fil de la lance, sans compter les femmes, les vieillards et les petits enfants.

Le reste fut taillé en pièces.

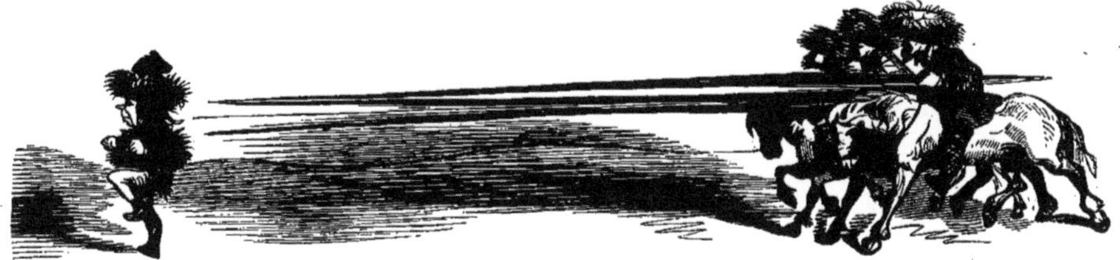

Un seul Sibérien fut épargné, dont on se servit comme cicérone pour visiter les points curieux du pays conquis. Le malheureux indigène, s'entendant dire par les Russes que leur curiosité est piquée au vif, trouve cette inversion de mots bien déplacée.

Et, d'abord, il leur fait voir un spécimen de la nature animale et végétale de ces régions hyperboréennes.

Puis, il leur fait remarquer un troupeau de timides blaireaux fuyant ventre à terre au bruit d'une feuille tombée d'un arbre. « Tu nous les *peins sots*, lui dit Ivan avec un royal sourire; mais tâche de nous faire éviter les *sots* le plus possible, attendu que nous manquons déjà de selles. »

Puis, il fixe leur attention sur kassbraséjambdenzuntrow, autrement dits, *crevasses masquées par la neige*. Les Russes, se trouvant par trop fixés, demandent à leur cicérone si l'esprit facétieux de leur czar vient de le gagner.

Un vent violent ayant par bonheur détourné leur attention de ce phénomène monotone, en balayant la neige, les Russes, qui n'ont pas respiré depuis deux jours, trouvent qu'ils prennent l'air d'une façon qui les dédommage.

Après quoi, le docile cicerone leur fait voir le soleil, la lune et les étoiles. Touchés profondément d'une si grande naïveté, les Russes lui répondent avec bonté qu'il y a de cela partout ailleurs.

Plus loin, il leur fait distinguer le pôle nord sur le haut d'une montagne élevée.

Plus loin, il leur fait voir trente-six chandelles.

Cependant on approche des mers glaciales; mais le temps est défavorable, un vent froid balaie et leur renvoie au visage un petit givre très désagréable, ce qui, au surplus, les empêche de se reconnaître, quoiqu'au milieu des *glaces*.

Arrivé dans les régions cétaciennes, le sage Ivan demande à son guide comment il nomme ce grand animal qui se cache à l'eau. « Vous l'avez dit! » lui répond son sage conducteur.

C'est alors qu'ils peuvent juger de plus près du naturel des cétacés et de la pêche qu'on en fait. C'est assez ! dit le sage Ivan en s'en retournant : je crois bon d'envoyer pêcher ces animaux à ceux qui en auront fait autant contre mon autocratie.

Sur ces entrefaites, un vent froid vient rider la face de l'eau, et par contre-coup celle des Russes, qui conçoivent les plus grandes inquiétudes sur la façon dont ils regagneront la rive.

A l'aspect des mines de ce pays sauvage, Ivan conclut qu'il fera bien d'y envoyer ceux qui la lui feront.

Rassasié de toutes ces merveilles, Ivan ordonne enfin qu'on sonne la retraite ; mais une gelée survint, si forte que les fanfares gelaient en l'air.

Les symptômes de la gelée ne tardent pas à gagner les cavaliers, malgré leur course rapide, et les clouent en place. C'est alors que le sage Ivan, rentré en lui-même, sent l'esprit de conquête se refroidir singulièrement en lui ; mais la gaîté lui revient quand il songe combien les colons qu'il enverra dans ce pays s'attacheront vite au sol.

Un soldat ayant eu l'idée saugrenue d'allumer son cigare, ce qui le fait dégeler d'emblée, tout le monde s'étonne de n'avoir pas eu tout de suite une idée aussi simple.

Mais le sage Ivan, qui apprécie tout ce que ce moyen a d'ingénieux, songe aussitôt à s'en approprier la gloire.

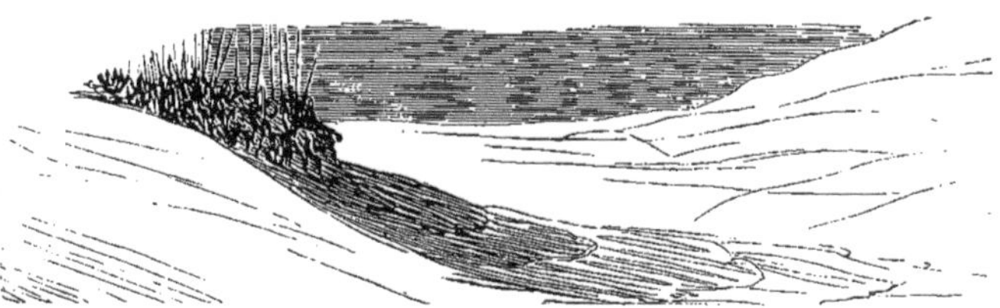

L'armée dégelante regagne donc la frontière en laissant une trace très nette de son passage.

Cependant le sage Ivan, trouvant que son petit cicérone a parlé sans détour, l'enrôle dans les corps francs, et lui montre le bâton qu'il faut recevoir avant celui de maréchal.

Ayant regagné les frontières de son empire, Ivan se trouve très édifié, mais très intimidé de la sévérité des employés de son octroi sur les viandes.

Par malheur, les altérations que les fatigues de la guerre et les rigueurs du climat ont fait subir aux visages des Russes les empêchent d'être reconnus par leurs farouches employés.

Mais dans la verve avec laquelle ils besognent, les farouches employés n'ayant pas remarqué que les contrevenants sont armés de casques pointus, ils reconnaissent aussitôt après que ce sont eux-mêmes qui ont été visités.

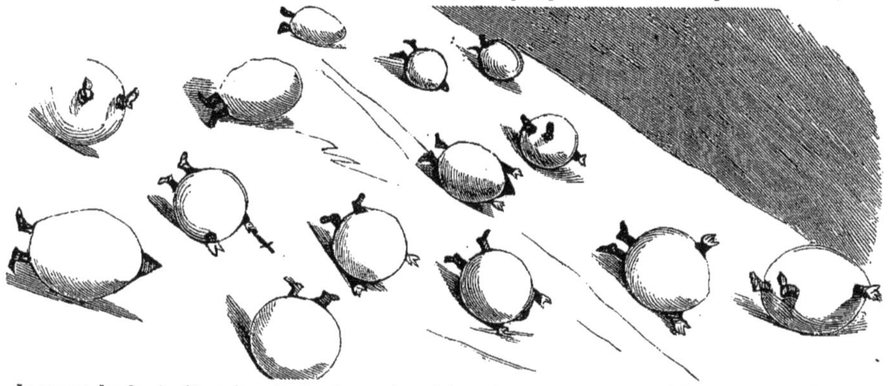

Le passage des Ourals n'étant donc plus barré, on redescend de ces hautes montagnes en se laissant rouler, ce qui réussit d'autant mieux qu'on se convertit vite en pelote de neige.

De retour à Moscou, Ivan fait célébrer par une fête superbe l'extension de son territoire, et, pour comble d'éclat, fait exécuter dans le même jour tout ce qu'on devait exécuter de condamnés dans l'année.

Après quoi il se met à table.

Toutefois, avant de se mettre à table, il fait chasser quelques moustiques qui s'étaient permis de régner dans la salle d'à-côté.

Au sortir de table, le sage Ivan met le nez à la fenêtre et se demande la cause de ces allées et venues rapides, de cette agitation qui règne dans les rues de la capitale...

Il convoque bien vite ses popes (employés de police en Russie), qui lui annoncent avec douleur que la sainte orthodoxie est atteinte directement, attendu qu'un terrible antéchrist, du nom de Guttemberg, vient de se signaler en Allemagne, contrefaisant avec succès la multiplication des pains des saints évangiles.

Mais le sage Ivan pare vite au scandale en faisant brûler en effigie, sur la place publique, cet ennemi de Dieu, du czar et des hommes.

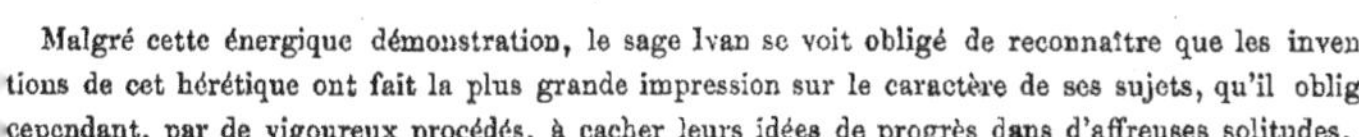

Malgré cette énergique démonstration, le sage Ivan se voit obligé de reconnaître que les inventions de cet hérétique ont fait la plus grande impression sur le caractère de ses sujets, qu'il oblige cependant, par de vigoureux procédés, à cacher leurs idées de progrès dans d'affreuses solitudes.

Aussi, les feuilles que les vents d'automne lui amènent de la forêt lui font présager des fléaux *divers*.

Jaloux de purger ses Etats de ces farouches révolutionnaires, le sage Ivan a l'heureuse idée d'enrôler dans la police les individus le plus capables de se rapprocher de ces sociétés secrètes-guttenbergiennes.

Le désespoir que lui donne l'impuissance de ses efforts lui suggère les songes les plus fantasques.

Son sommeil devenant de plus en plus agité, Ivan songe qu'il aura à repousser de nouvelles invasions de barbares ; et, les voyant approcher, il leur crie : « Vous en voulez, eh bien ! vous en aurez des châtiments exemplaires. »

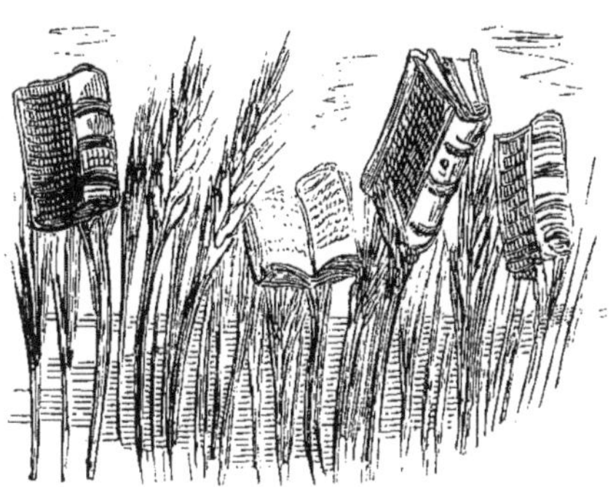

Plus loin, la fin de son rêve devenant absurde, comme la fin de tout rêve, Ivan redevient calme.

Mais, à son réveil, il ne constate que trop bien la triste réalité.

Tant il y eut que 100,000 hommes y périrent, sans compter les femmes, les vieillards et les petits enfants.

Mais à peine a-t-il rétabli le calme dans ses États, que le sage Ivan a la douleur de le voir livré de nouveau aux mêmes agitations.

Cette fois, ce sont de nouveaux scandales, de nouvelles hérésies. La contagion des miroirs, invention nouvelle, gagne le cœur de la Russie, et le sage Ivan ayant pénétré, au moyen d'un costume plébeien, au sein d'une famille pauvre, est navré de voir la douleur que cause chez elle le spectacle de la réalité brutale.

Prévoyant donc tous les excès auxquels sont sujets des serfs qui se *débarbouillent*, le sage Ivan s'empresse de détruire la cause de ces nouveaux troubles.

Son fils aîné l'ayant blâmé de cette action d'*éclats*, et lui ayant remontré qu'il est toujours dangereux en politique de rompre la glace, Ivan, étonné de sa sagacité, croit pouvoir lui confier les rennes de son nouveau royaume de Sibérie.

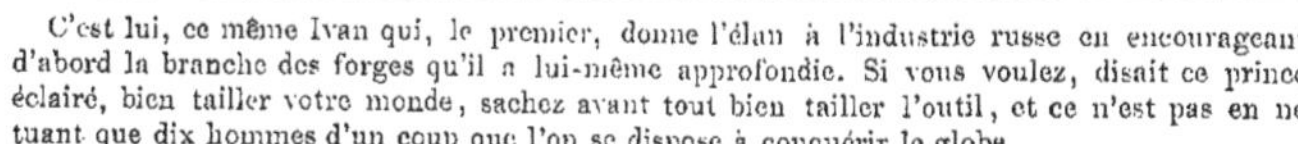

C'est lui, ce même Ivan qui, le premier, donne l'élan à l'industrie russe en encourageant d'abord la branche des forges qu'il a lui-même approfondie. Si vous voulez, disait ce prince éclairé, bien tailler votre monde, sachez avant tout bien tailler l'outil, et ce n'est pas en ne tuant que dix hommes d'un coup que l'on se dispose à conquérir le globe.

Dès le début, il se signala par le fameux kasskarrkass et par le célèbre tranchtrombium.

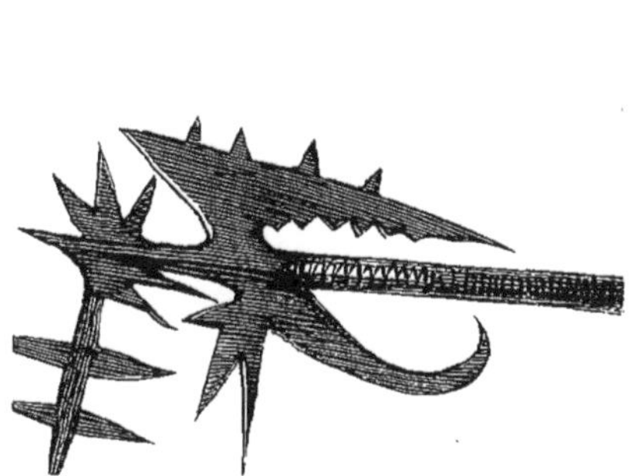

Mais l'infatigable civilisateur ne s'en tint pas là. Cette institution fut suivie de près par celle du kaskroupion.

Puis par celle du taille-fesse, instrument qui fit de beaucoup progresser la justice.

Puis par celle du dossiè, invention qui jette beaucoup de jour sur lés enquêtes judiciaires.

— 1496 !! Avènement du désinvertébroir et du désopilcratelle, qui mettent le sceau à la gloire du civilisateur.

Mais ce n'est pas dans cette seule branche que se signale le génie vaste et encyclopédique du sage Ivan. Il aborde les sciences abstraites, telles que la physique, la chimie et la pharmacie, avec le même succès. C'est à lui que l'on doit le fameux *Traité de la chimie dans ses rapports avec la politique*, 1497, *Blagmann, Amsterdam;* 3 *vol. in*-8°; un *Trswgndpqovkoff, Kiew,* 1499, 3 *vol. in*-12.

D'abstraction en abstraction, le génie d'Ivan en était venu à aborder les théories les plus métaphysiques ; aussi le voit-on bientôt changer entièrement la face des idées philosophiques de ses contemporains. « La vie, disait ce sage, n'est qu'une prison dont nos vertus doivent nous délivrer. »

Aussi s'était-on empressé d'apprécier la vie à sa juste valeur, et de féliciter les morts de leur bienheureuse délivrance.

Aussi, en développant ce système philosophique, était-on arrivé à se rendre le service réciproque de se délivrer de cette dure captivité dont parlait Ivan.

« Ne connaissons, ajoutait ce sage, que les tortures de l'âme, et sachons, en vrais chrétiens orthodoxes, ne considérer celles du corps que comme des épreuves envoyées par la justice suprême. »

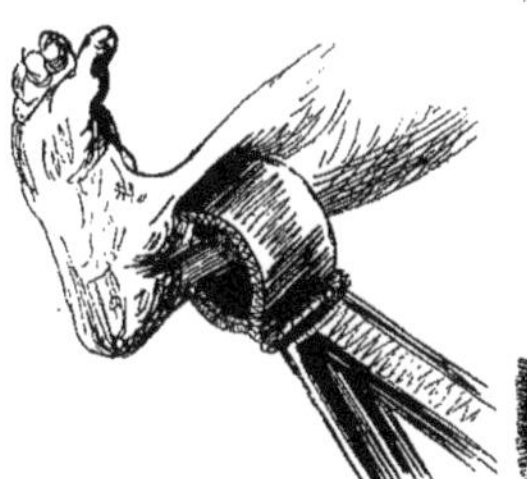

« N'oublions pas non plus qu'une âme fortement trempée doit être insensible aux atteintes de l'acier. »

« Eh! qu'importe après tout plus ou moins de souffrances, n'est-on pas toute la vie en suspens entre la douleur et la joie, le doute et l'espoir, le ciel et la terre? »

Et si barbare qu'eût été jusqu'alors son malheureux peuple, il ne peut s'empêcher d'admirer la rigueur et le piquant avec lequel le monarque s'exprime.

Sous le règne du sage Ivan, le knout, cette idée féconde que nous verrons plus tard devenir le nœud de la civilisation russe, n'existait encore qu'à l'état sauvage et informe. Aussi, cela n'échappe-t-il pas à l'œil exercé d'Ivan, qui, dans un instant, pressent tout ce que cette vaste institution cache de progrès et de développements à venir.

Mais, jaloux de faire aboutir à un résultat puissant et durable tout ce que cette veine nouvelle et inexplorée a suggéré d'idées exaltées, fantasques et fiévreuses, à son ardente imagination, le sage Ivan songe à prendre avis de tous les notables de son empire, qu'il convoque à une diète solennelle.

Maître Trikonoff, qui, depuis des années, a consacré ses veilles, ses efforts et sa santé, à élaborer et approfondir cette question dans la solitude la plus entière, ouvre la séance par un plaidoyer des plus remarquables sur la proposition d'un knout à deux nœuds dont il a depuis bien longtemps calculé l'avantage. « Messieurs, dit-il, la cause que j'ai à plaider devant vous est une de ces causes qui intéressent la gloire, l'avenir d'une nation tout entière. Il ne s'agit rien moins que du perfectionnement du knout et de sa propagation parmi les esclaves pauvres. Deux opinions sont en présence : l'une penche pour le nombre de deux nœuds, l'autre pour le nombre trois sur la longueur de chaque courroie. Je sais bien que tout cela n'est qu'une question de nœuds ; mais ces nœuds-là sont précisément ceux qui maintiennent l'enchaînement de notre civilisation et nouent nos progrès. Je crois donc qu'on ne saurait trop faire de sacrifices pour vulgariser le noble instrument en question ; seulement, comme il est bien entendu que la nation paie les frais de sa civilisation, je crois que, pour ne pas trop gêner son budget, il faudrait provisoirement s'en tenir au simple nombre de deux nœuds. »

Mais maître Schlagowitz, qui, sur toute question de fouet orthodoxe, est très intolérant et très soigneux des moindres *des tailles*, se propose de fustiger son honorable adversaire en bien des points.

« Je ne dirai qu'un seul mot sur l'éloquent plaidoyer de mon adversaire. La Russie s'est fait une loi d'obéir en tout aux citations des Latins. Vous m'objecterez que ce système est assez inconcevable chez un peuple dont le culte est opposé au culte romain; mais c'est comme çà, et ne nous mêlons, s'il vous plaît, que de ce qui nous regarde.

« En vrais Moscovites que nous sommes, ne nous écartons pas de la vraie latinité ; car c'est par elle seule que nous vaincrons : *in hoc signo vincemus*. Je dirai donc à mon trop exclusif antagoniste qu'il n'a appuyé son discours d'aucune citation. Là est son tort. Pour moi, je résume en cinq mots : *Numero Deus impare gaudet*, autrement dit : Knout à trois nœuds plaît à Dieu. Vous adhérerez donc, je l'espère, à l'annexion du troisième nœud ; d'ailleurs, je me réserve de répliquer tout à l'heure à mon adversaire dans le langage de Virgile.

Réplique de maître Trikonoff.

— Puisque mon érudit adversaire me reproche de ne point assez me servir de citations, je conviendrai moi-même qu'un instant j'ai pu oublier la solennité de la réunion où je me trouve en adoptant un langage trop clair et trop familier. Aussi m'empressé-je de lui rappeler avec le poète de Salmone : *Perfusam merito natorum sanguine terram immaduisse*, etc., etc.; *calidumque animasse cruorem, et ne nulla feræ stirpis monumenta*, etc., etc.; et avec celui de Mantoue : *O fortunatos nimium si sua bona norint, Kosaqui*, etc., etc.; ou bien encore avec les Saintes-Écritures : *Manus habent et non palpabunt, aures et non audient, pedes habent et non ambulabunt*, etc., etc., et tant d'autres choses encore plus profondes encore qu'elles ne sont latines. Je disais donc que deux nœuds suffisaient : *Quantum satis*. Et puis, *et deinde*, si vous faites payer, *aurum ducitis*, l'établissement de ce civilisateur, *pacis simulacra præferentes*, vous devriez au moins, *etiam debuissetis*, en diminuer, *o felix quondam pecus*, les frais, *scires a sanguine natam*. Songez bien, messeigneurs, *nonne obliviscamini*, que pour que ce knout soit à la portée de tous, *omnium quantorum, et quos ego*.... il en faut rendre l'usage, *usum præbere omnibus*, facile et à bon marché, *non licet omnibus adire knoutum*. Voilà pourquoi il importe de s'en tenir au simple nombre de deux nœuds. Mais revenons à nos bons auteurs, et, en passant, jetons un coup d'œil sur l'art. 6112 du Code des peines *corporis*, § 42, etc., etc. μηνιν ἄειδε Θεα Πηληιαδεω Αχιλλεως. Que vous dirai-je encore : *Trojanas ut opes et lamentabile regnum eruerint Danai*, et tant d'autres choses encore dont la déclamation trop prolongée me ferait traiter de pédant. — J'ai dit.

— Un mot suffira pour écraser notre stupide et honorable adversaire, ou tout au moins vingt-six pages d'un latin plus vieux que le sien.

D'ailleurs, en avançant des citations prises dans un auteur aussi profane que celui des *Métamorphoses*, il peut bien espérer ne s'adresser qu'*au vide*.

Pardon, messeigneurs, j'ai tort de me laisser aller à la facétie dans une si grave réunion, et m'empresse de conclure par une maxime cicéronienne : *Ars politica tota est in knoutibus*. Comment osez-vous méconnaître, *quousque tandem*, ce qu'il y a d'immense, *quot immensum*, dans ce bien fait à la peau de nos administrés. Vous oubliez donc que le parfait Moscowite ne saurait se passer du knout. *Beati omnes qui sub knoutum vivuntur*. Tout est au knout. *Convergunt omnia ad illum*, etc., etc. *Sinite ad illum venire Kosakos. Knoutus nobiscum, quis contra nos? Sanguine aquemanu crepitantia concutit*, etc., etc. *Tertia post illas successit*, etc. *Sævior ingeniis et ad horrida promptior arma, nec scelarata tamen*... etc. Et ailleurs encore, *insidiaque et vis, et amor sceleratus habendi*, etc. *Jamque nocens ferrum*, etc., etc., etc. Tous ces points techniques, passés en revue, reprenons la question dans tout son ensemble. »

L'éloquence de chacun de ces maîtres ayant fait éprouver à la diète une difficulté très grande de se prononcer pour l'un ou l'autre, elle se voit obligée d'employer un moyen plus clair pour constater la supériorité de l'un des deux instruments.

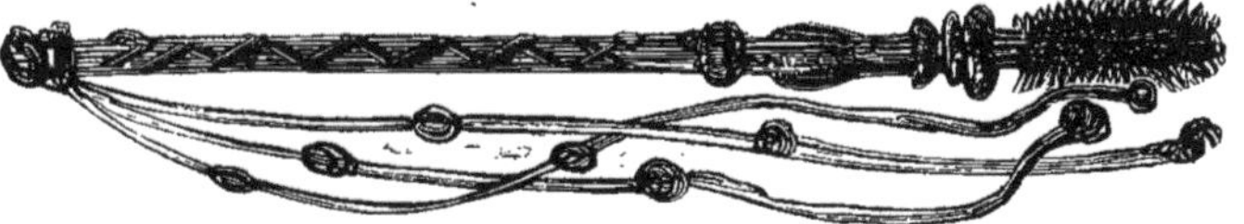

Mais à l'épreuve, tous deux ayant eu une réussite aussi puissante, on convient de faire la somme de ces deux bonnes idées en instituant le knout à cinq nœuds.

NOTA. — Lecteur, mon ami, tu me trouves sans doute bien inhumain de t'avoir fait ingurgiter ces deux pages de législation sèche et noueuse. Tu crieras peut-être aussi au mensonge ou tout au moins à l'exagération de ma part; mais que veux-tu, dans toute question de *fouet*, il est plus simple de croire.

A la fin de cette interminable discussion, les membres du conseil ont bien dû trouver que le sage Ivan, pour remédier à la barbarie, abuse passablement de la diète; mais celui-ci, dont l'adroite politique a toujours été de vouloir user le Parlement en s'en servant, voit ses efforts couronnés de succès.

Ce point capital étant éclairci, le sage Ivan songe à améliorer le sort des femmes, dont il déplore depuis longtemps la cruauté. Il les dételle des charrues, et, en échange de ce rôle humiliant, il leur donne une douce et éternelle réclusion, pourvu cependant qu'elles s'engagent à ne jamais parler, même contre elles.

On voit que le grand pacificateur n'a rien négligé pour conduire sa nation au progrès et à l'humanité! Et c'est encore pour l'*y mener* qu'il fonde l'usage de faire rencontrer, pour la première fois, les fiancés au pied de l'autel.

Sur la fin de sa vie, Ivan, toujours aussi vert et aussi plein invention, trouve encore le fameux hassommkinzommdunkow, ernière étincelle de ce puissant génie.

Tant de trouvailles tranchelardières devaient nécessairement éveiller la jalousie du corps impérial des chirurgiens.

Le venin de leur jalousie ne tarde pas à navrer le sage et excellent Ivan, qui mourut de ce chagrin cuisant...

Les grands de la nation s'empressent d'aller offrir la couronne à Ivan, jeune encore qu'ils surprennent au milieu de l'étude et environné de ses précepteurs.

Quelques sujets russes s'entretiennent du nouveau czar, et se font part de la crainte qu'ils ont qu'il ne soit trop *bouché* pour régner

Le lendemain, ils s'aperçoivent qu'ils ont prononcé le nom de *bouché* à des gens trop ouverts, et voient combien ils sont sujets à se tromper.

Aussi, voyant avec quelle netteté le nouvel Ivan tranche ces questions, ses timides courtisans s'empressent de lui déclarer qu'il est un prince d'une grande *taille*.

A peine monté sur le trône, le nouvel Ivan trouve que l'excès de la population russe occasionne le plus grand encombre dans les emplois, et, pour parer aux soulèvements dangereux que pourraient causer la jalousie et l'ambition, il se charge lui-même de faire les élagages nécessaires à la foule.

A l'instar des Allemands, qui viennent d'inventer les *dîners en musique*, Ivan IV, désirant, lui aussi, joindre l'utile à l'agréable, s'empresse de donner à la cour des *dîners en supplices*.

Ayant su que le bruit courait parmi le peuple que de pareils procédés étaient ceux d'un homme dénué de raison, Ivan-le-Terrible, qui a hérité de la manie de plaisanter de ses ancêtres, cherche à lui prouver qu'il veut au contraire rendre le *sang commun* à sa nation.

1542-1580. — Suite du règne d'Ivan-le-Terrible. Devant tant de crimes, clignons l'œil pour n'en rien voir que l'aspect général.

Cependant, vers l'an 1561, cela redevient plus montrable. Ivan, en vieillissant, s'est beaucoup radouci et a beaucoup calmé l'excentricité de ses procédés.

En 1582, ce n'est même déjà plus qu'une plaisanterie.

Et en 1583, le terrible czar se déride au point de donner à son peuple des fêtes splendides qu'il fait clore par une *petite guerre* d'une réussite et d'une animation sans pareilles.

La chaleur et l'entrain s'en étant mêlés, la fête se prolonge... .

Ce que voyant, Ivan profite de ces bonnes dispositions pour suivre le programme de ses antécédents et successeurs; il demande aux habitants de Constantinople s'ils ne sont pas encore disposés à se rendre.

Mais à son retour dans ses États, n'ayant pas reçu une ovation satisfaisante, il ordonne de déporter en Sibérie ce peuple insoumis.

Au bout de quelques mois de déportements continus, Ivan se trouve en face des deux derniers de ses sujets, auxquels il signifie qu'ils doivent mutuellement se déporter.

Ceux-ci tergiversent d'abord; mais au bout de quelques instants le prestige de l'autocratie l'emporte et l'obéissance russe se réveille.

La fureur du terrorisme ayant fait tourner la tête au terrible Ivan, sa couronne le blesse jusqu'au sang; triste *retour* de son existenc précédente.

Resté seul à gouverner un État sans sujets, Ivan trouve que cette solitude est cruelle.

Aussi ne demande-t-il plus de consolation qu'à l'orthodoxie, dans les bras de laquelle il se jette avec enthousiasme, en justifiant ce proverbe : Quand le czar devient vieux, il se fait ermite.

Cette nouvelle existence éveille en lui, pour la première fois, des idées charitables.

Devenu fort vieux, Ivan tombe en enfance et s'amuse à des jeux conformes à son ancien naturel.

Le dépiautement d'une cigale le fait un jour éclater de rire. Cette mort est d'autant plus remarquable qu'Ivan est le premier czar qui ait échappé au *mal de famille*.

D'autres historiens, pour ne pas dire tous, ont consacré de plus nombreuses pages au règne de ce monstrueux sycophante ; mais, croyez-moi, cher lecteur, détournons vite la tête de ce personnage aussi horrible que nul et ennuyeux.

Les puissants et honorables successeurs d'Ivan mettent toute leur gloire à récurer le sol de la Russie.

Mais la discorde s'étant glissée parmi les récureurs, ils tâchent d'en finir au plus vite par un vigoureux coup de torchon.

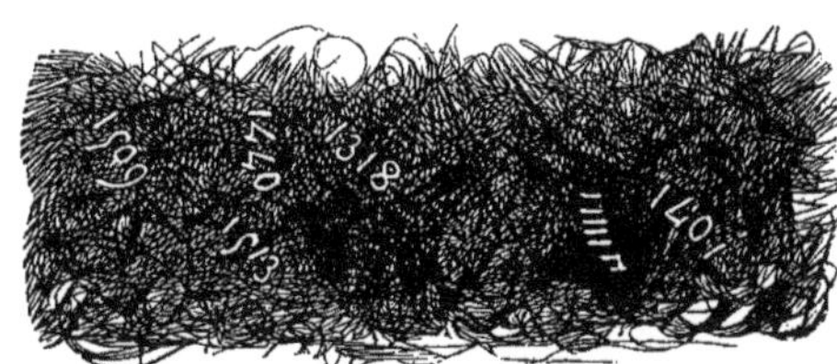

Mais cela va bien plus loin qu'on n'avait pu le supposer ; les partis se reforment et se livrent des guerres affreuses. Tous les jours il en surgit de nouveaux et de plus terribles. De là des exterminations, des désastres, des débordements de tout genre, et, pour l'historien, une confusion plus grande que jamais. C'est de ce chaos formidable que surgit, après de longues et cruelles années, la nouvelle race des Romanoff, qui commence l'ère glorieuse et pacifique de la Russie.

Et maintenant, chapeau bas devant le colossal-réformateur de la sainte Russie.

Je laisse maître François Rabelais, premier et seul véritable historien de la Russie et particulièrement de Pierre Ier, bien qu'il ait vécu 300 ans avant ce dernier (eh! quoi d'impossible au génie : il devine, il prévoit, plutôt qu'il ne copie) ; je laisse, dis-je, ce maître historien vous dire éloquemment quelle fut la naissance du *très horrifique et très redoublé* personnage, quel fut son premier cri, etc., etc.

« *Soubdain qu'il feut nay, ne cria, comme les aultres enfans mies, mies, mies? Mais à haulte voix s'escrioit : A boyre, à boyre, à boyre, comme inuitant tout le monde à boyre, si bien qu'il feut ouy de tout le pays de Russie et de Polanie... Le bonhomme Alexis, beuuant et se rigoullant avecques les aultres, entendit le cry horrible que son filz auoit faict entrant en la lumière de ce monde quand il brasmoit demandant a boyre, à boyre, à boyre, dont il dit* : Que grand tu as (*supple*) le gousier, etc., etc., etc. »

Nous retrouvons à Saardam Pierre adolescent. Les travaux auxquels il aime à se livrer l'amènent à penser qu'il est né pour saper les choses par la base, et que, dans une si grande et si pénible tâche, il ne s'agit point de parler, mais de fer.

L'art de la cordonnerie lui révèle aussi ses charmes et ses profondeurs cachées. Eh quoi! se dit Pierre, faut-il qu'un czar devienne un jour la dupe d'un cordonnier; et ne dois je pas non plus m'assurer que la société nouvelle s'établira sur des bases solides?

Puis, dans ce nouvel art, il trouve un heureux moyen de *former et d'adoucir sa nature abrupte.*

Préférant, comme nous le voyons, l'étude des métiers à celle de la sience, Pierre s'enhardit dans cette voie.

Ayant cependant daigné ouvrir quelques livres de philosophie, le côté paradoxal de cette science lui sourit.

Mais son maître d'armes, de boxe et de savate, lui fait bien vite comprendre que ce n'est pas encore le vrai chemin des cœurs,

ni le moyen le plus sûr de s'agrandir les vues.

Ayant cependant cru devoir jeter les yeux sur la théologie, Pierre s'arrête à la maxime : *Vanité des vanités*, et la trouve d'une sublime vérité, songeant à ceux de ses amis qui osent se croire autant que lui.

Cette activité fiévreuse ne tarde pas à lui faire acquérir le rare talent d'ambidextre.

Mais, à développer un pareil talent, ses yeux devaient nécessairement perdre de leur douceur en contractant l'habitude de regarder l'un à l'orient, l'autre à l'occident.

Toujours poursuivant l'idée profonde de se mettre au niveau de son temps, Pierre pousse la générosité et l'abnégation jusqu'à contracter les vices de son peuple, afin de mieux en trouver le remède.

Se jugeant définitivement d'un savoir assez accompli pour régner, Pierre croit enfin le moment venu d'étrangler son monde et de monter sur le trône, que, du reste, il trouve un peu petit pour lui, tant son ardente imagination l'a grandi dans la solitude.

Toutefois, il ne se dissimule pas qu'il faut étouffer avec une grande énergie les nombreuses insurrections des Strélitz.

Pierre signale glorieusement son avénement au trône par un ukase écrit d'une main ferme, par lequel il supprime les règnes précédents et *tout le passé de la Russie*, grand ébahissement de la nation, qui trouve que le jeune prince annonce une énergie surhumaine.

Un jour que l'on dînait en grand comité à la cour, Pierre croit découvrir au travers de quelques propos de dessert qu'il reste quelques germes mal éteints d'insurrection de Strélitz. Aussi fait-il sentir à ses voisins, le plus adroitement possible, que l'ambition perd les meilleures têtes.

Ces plaisanteries de dessert étant devenues une habitude journalière, l'on ne sait bientôt plus si, en recevant une invitation aux dîners de la cour, on y est invité pour qu'on vive.

Désireux de faire germer dans ce pays d'esclaves des idées de popularisme, de libéralisme, et surtout d'*égalité devant les grades,* le grand réformateur paie lui-même de sa personne en se plaçant comme simple soldat au dernier rang de son armée.

Plus loin, on le voit lui-même monter la garde à la porte de son palais.

Et remontrer à ses généraux étonnés tout ce qu'il y a de ridicule dans leur ébahissement.

Poursuivant toujours sa noble tâche de popularisme, le czar Pierre s'en va trouver son cher Romodanowski, qu'il avait installé *czar pour de rire,* et lui ordonne de lui refuser les galons de caporal, afin de faire un exemple.

Allant jusqu'à exposer sa vie pour ses idées, le czar Pierre ne perd aucune occasion de sauver la vie à ses sujets, même les plus obscurs.

Soigneux des affaires commerciales de sa nation, Pierre établit une banque impériale de pelleteries sur les bords du golfe de Finlande.

Aussi de pareilles institutions ne tardent-elles pas à donner le plus rapide élan au commerce.

Charles XII bat Pierre à Narva,

Qui le bat à Pstwlqsstwa.

Charlés XII reprend sa revanche à Wlsqwtswa.

Qui lui est rendue par Pierre à Tsgwlstwa.

Mais Charles se relève et le rosse à Krwsqtpswa.

Mais Pierre, dont le courage ne s'abat point, le rosse à Grswqtswgptswa.

Mais aux environs de Skragwtsgrwtswa, Charles met en déroute l'armée de Pierre.

Qui écrase la sienne à son tour aux environs de Wstplgksqprtswnsbtpwa.

Mais à Pstngqlptrsntvqhstwa, Charles rencontre les bataillons de Pierre, qu'il taille en pièces.

Mais ceux-ci se relèvent plus fiers que jamais et anéantissent ceux de Charles au nord de Pultawa.

Voyant que c'est pour lui que le sort a gardé la dernière feuille de sa marguerite, Pierre n'impose plus de bornes à sa modestie. Il marche tête baissée dans tout son empire, et dit, à qui veut l'entendre, combien il lui eût été possible d'être rossé, à lui qui a eu la ridicule imprudence de hasarder 2,000 hommes contre 200,000.

Désireux de populariser chez lui le sentiment de la modestie, Pierre fait afficher ces modestes pensées sur toutes les portes de son empire.

Cependant la continuité de son modeste maintien finit par donner à Pierre une courbature des plus violentes.

Voulant aussi aider ses sujets à apprécier la vie à sa juste valeur, Pierre fait exposer l'habit qu'il avait à Pultawa pour montrer que la vie ne tient qu'à un fil. Ses sujets, moins naïfs qu'il ne croit, voient de quel fil est cousue cette malice.

Aussi Pierre accuse-t-il son sellier de s'être prévalu de lui avoir prêté son emporte-pièce.

A la campagne suivante, Pierre reconnaît qu'il a si bien réussi à inoculer la modestie à son peuple que cela va jusqu'à la méfiance de soi-même

TIRÉ DE LA COLLECTION DES ESTAMPES POPULAIRES DE RUSSIE (*fac simile*).

Pierre un jour, se promenant dans la campagne de Moscou, rencontre un laboureur qui lui semblait bêcher inintelligemment, et se précipitant sur lui il lui fiche une râclée : « Laboureur ! lui dit-il, devine quel est l'homme qui vient de te rosser. Eh bien... eh bien! je suis ton czar Pierre que l'on surnomme le Grand, et pour te prouver que je sais aussi être sensible aux larmes d'un docile sujet, je te nomme concierge de mon palais. » Ce grand prince était aussi bon qu'il était vif et emporté.

AUTRE ESTAMPE POPULAIRE (*fac simile*).

Un jour, le czar Pierre se promenant dans la campagne de Moscou, rencontre un laboureur et l'apostrophe en ces termes pleins de douceur : « Que fais-tu là, mon ami, et pourquoi le fais-tu? — Sire, répond le pauvre homme, je cherche à nourrir ma nombreuse famille avec le travail de mes mains. » Profondément touché de ces paroles, le czar se précipite sur lui, l'embrasse et l'étouffe dans ses bras impériaux. Non content de cela, ce grand prince fait une honorable pension à la veuve dont il place tous les fils dans son armée.

puis de nombreuses années, Pierre déplore la ridicule et honteuse superstition de son peuple encore sauvage, et d'extirper à jamais des cœurs russes ce vice qui obstrue leur intelligence et entrave leur progrès. Toutefois, d'aborder une si difficile, si dangereuse et si colossale entreprise, il consulte son étoile.

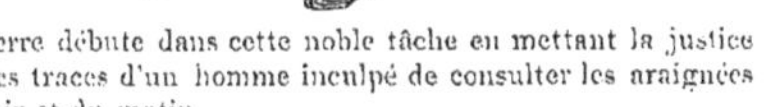

erre débute dans cette noble tâche en mettant la justice es traces d'un homme inculpé de consulter les araignées oir et du matin.

Puis il surprend en flagrant délit un cultivateur qui vient de s'alarmer de voir sa salière versée.

Il n'oublie pas non plus d'organiser des fêtes tous les vendredis.

Certaines raisons brutales ayant fait reconnaître à Pierre que cette entreprise est au-dessus des forces humaines, il ne songe plus qu'à l'oublier.

re de bombarder des forêts réputées ensorcelées et hantées par des willis, gnomes, brisqlowsti ou krwsqelptsnwi.

Autres purges non moins énergiques.

A cette nouvelle, le roi Louis XIV fait à Pierre la gracieuseté de lui envoyer quelques denrées artistiques et savantes, qui reçoivent en Russie l'accueil le plus enthousiaste. Dans le nombre, il a bien glissé quelques lauréats de l'école des Beaux-Arts et quelques peintres *de goût;* mais l'innocent tour passe inaperçu.

lendemain, l'énergique autocrate un ukase, par lequel il déclare a inventé la poudre.

Puis un second, par lequel il déclare que ses sujets sont incapables d'invention, et que tout étranger pourra se présenter en Russie comme savant ou comme artiste.

uelques sujets rebelles de Pierre s'étant plaints qu'un artiste français, aussi nul que plaisant, voulu leur faire prendre une vessie pour un n, Pierre prête à celui-ci son appui contre le otisme mal compris des siens.

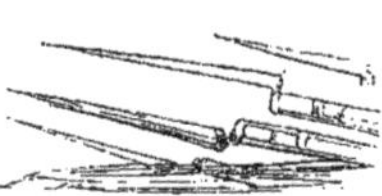

Il prête le même appui aux quelques lauréats des Beaux-Arts qui avaient enfin été reconnus par les Russes

Cette protection donnée à l'étranger excite au dernier des points l'émulation des siens

ependant quelques sujets russes t arrivés à se faire reconnaître du it par leur souverain, Pierre les ge vivement à se faire naturalisés Français.

Pierre croit enfin le moment venu d'aller à Paris se jeter au cou de la statue de Richelieu, et de s'écrier : Grand homme, j'eusse donné une moitié de mon empire pour apprendre de toi à gouverner l'autre.

Cet accès d'humilité moscovite n'ayant pas trouvé dans le cœur des Français l'écho auquel il s'attendait, le rouge de sa modestie se complique d'un autre rouge, et le lendemain, il regagne la Russie.

Jaloux d'élever au sein même de son empire une capitale plus merveilleuse que toutes celles qu'il vient de visiter, Pierre, après s'être longtemps tracassé du choix de son terrain, trouve inopinément son affaire, plus tôt qu'il ne l'espérait.

Forcés qu'ils sont de bâtir la capitale sur pilotis, et cela dans le délai de douze jours, les ingénieurs reconnaissent de suite que le terrain est bien mouvant, ce qui leur fait craindre qu'on ne dise plus tard, en France surtout, où l'on est embêtant, que la cour de Pétersbourg repose sur un tas de crapauds, de reptiles et de bêtes fangeuses.

Mais Pierre, qui a un cœur de roc quand il y va de la gloire du pays, sait fort bien se mettre au-dessus de ces plaintes *pusillanimes*.

Quant aux ouvriers, ils ne sont pas longs à reconnaître tout ce qu'il y a de vagues dans un pareil projet.

Après avoir bien approfondi la question, les ingénieurs viennent conseiller à leur czar de vouloir bien descendre au fond des choses. Pierre trouve qu'une pareille proposition faite à un czar ne manque pas d'inconvenance; aussi leur témoigne-t-il son mépris par des crachats répétés.

Ne pouvant douter cependant que ses projets ne soient en grande défaveur parmi les siens, Pierre croit le moment venu de distribuer des encouragements.

Ce qui les encourage à étudier la chose plus à fond.

Le terrain venant à se solidifier, Pierre a ce sourire victorieux et splendide du génie qui se sent enfin compris.

Désireux d'instruire ses ouvriers, et à la fois de les seconder par son propre zèle, il met la main à la besogne, et commence par leur enseigner l'art de planter un pieu,

celui d'étayer un mur,

celui de démolir,

celui de charrier des pierres.

Tout en reconnaissant avec admiration la façon merveilleuse dont la nature a doué leur souverain, les dociles ouvriers doutent cependant qu'ils soient bien à la portée de ses conseils.

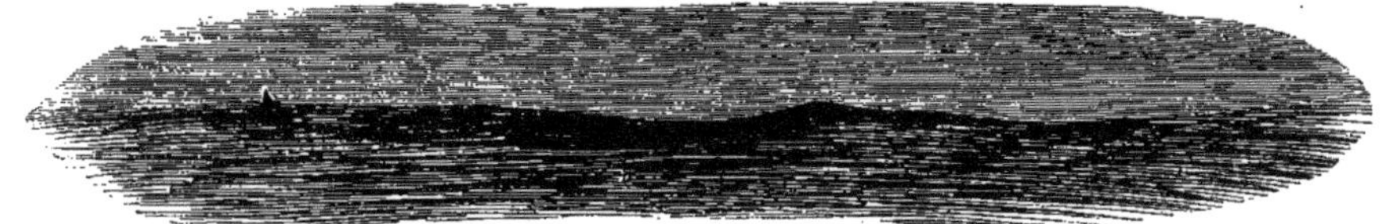

Aussitôt que les plâtres sont secs, Pierre songe à peupler au plus vite la nouvelle capitale de son empire, et, foudre d'éloquence, il fait lui-même l'apologie de l'heureuse situation de cette nouvelle capitale en démontrant combien le caractère mélancolique de ses environs doit sympathiser avec l'esprit rêveur des races slaves.

Enhardi par l'énorme triomphe d'avoir bâti une ville sur pilotis, Pierre rêve de bâtir une ville suspendue.

Une ville souterraine.

Une ville ambulante.

Une ville sous-marine.

Flatté de voir qu'il en a été de lui comme de l'astrologue de la Fable, Pierre, qui est fort grand nageur, en profite pour prendre un bain; mais quel est son ébahissement quand il voit en nature cette fameuse maxime, à laquelle il n'avait jamais pris garde : « Que les gros poissons mangent les petits poissons. »

A cette illumination subite de la grâce, Pierre sort de l'eau sans s'habiller (système Archimède), et s'en va courir dans les rues de Saint-Pétersbourg en criant : « Je l'ai trouvé! je l'ai trouvé! »

Vers le soir, l'agitation de son esprit devient telle qu'il la croit dangereuse et songe à la calmer par des moyens matériels.

L'état de surexcitation et d'érétisme nerveux dans lequel l'ont jeté les incidents de cette grande journée suscite à Pierre, pendant son sommeil, les rêves les plus fantasques et les plus ambitieux. Il se voit caché derrière le pôle nord et décollant de dessus le globe la carte d'Europe;

Qu'après l'avoir *décollée*, il assaisonne à la sauce TARTARE et mange avec un appétit de géant.

Arrivé au morceau occidental, il découvre que sa sauce tartare, en rapprochant l'Angleterre de la France, a tellement bien engagé les contours de l'une dans ceux de l'autre, que, malgré toute sa force, il ne peut les dégager; aussi, ne pouvant plus mâcher ce qu'il a déjà dans la bouche, il se voit sur le point d'étouffer.

Bref, les aspérités de contours de la France et de l'Angleterre lui écorchent tellement le palais qu'elles lui font recracher le tout, après avoir manqué de l'étrangler.

Réveillé en sursaut, Pierre rentre en lui-même.

Mais l'idée seule qu'il a avalé l'Europe lui a tellement agrandi la bouche qu'à son réveil Pierre est méconnaissable.

Aussi inspire-t-il la plus grande frayeur à sa femme Catherine, frayeur qui, après s'être changée en dégoût, devient de l'inconstance.

Atteint, depuis cette nuit néfaste, d'une faim dévorante, qui hâta la sienne propre, Pierre, après avoir légué à sa famille ses biens pécuniaires et territoriaux, imagine un *testament spirituel*, et mande auprès de lui quelques hommes de bonne volonté qui veuillent bien l'accepter.

« Mes amis, leur dit-il après avoir éternué trois fois : *opus consummatum est*, je sens que ma faim m'a conduit à finir; j'étais trop vieux pour la supporter, mais je vous lègue, à vous, vigoureux jeunes gens, l'héritage de mes nobles appétits. Je vais rejoindre au ciel mes glorieux ancêtres, non pas Alexis, Michaël, Ivan, Oleg, etc., mais bien Alexandre, César, Attila, Pompée, etc., dont je descends en ligne directe. Mais avant de remonter au ciel, d'où je ne cesserai de vous protéger puissamment, je veux vous faire connaître mes dernières volontés; elles vous seront sacrées. Je vous lègue l'honneur d'achever l'œuvre que j'aurais commencée si les circonstances me l'avaient permis. Vous n'ignorez pas que l'Europe n'est qu'une province de la Russie, gouvernée par des *messieurs* auxquels j'ai bien voulu permettre de s'appeler monarques. Vous les destituerez sans autres formalités, et vous ne manquerez pas d'annexer ces divers pays à l'empire que je vous lègue. Si, par hasard, chose impossible à supposer, ces messieurs ne voulaient pas se laisser moscoviser, vous emploieriez les moyens puissants que je vous ai appris à aimer. A vous, Knoutozoff, l'honneur de me succéder et de conduire rapidement mes sujets à la civilisation; et ce n'est qu'avec un fouet qu'on peut aller grand train... Je me sens m'en aller... Je m'en vais... Encore un mot, ô Russes... Soyez indulgents, mais implacables; soyez fermes, et ne vous laissez pas déborder par les sophismes qu'inventeront les siècles à venir contre le noble esprit de conquête et sur l'inviolabilité du droit des nations..... Marchez toujours la tête haute, et dédaignons le présent pour ne songer qu'au passé, à cette voix prophétique de Pierre, qui parle pour la dernière fois... Incendiez, tuez, massacrez, s'il le faut, mais faites-le noblement. Périsse l'Europe plutôt que la Russie... O Russes! souvenez-vous de ces paroles de mon aïeul : « Tu es Pierre, et sur cette pierre je bâtirai mon empire. »

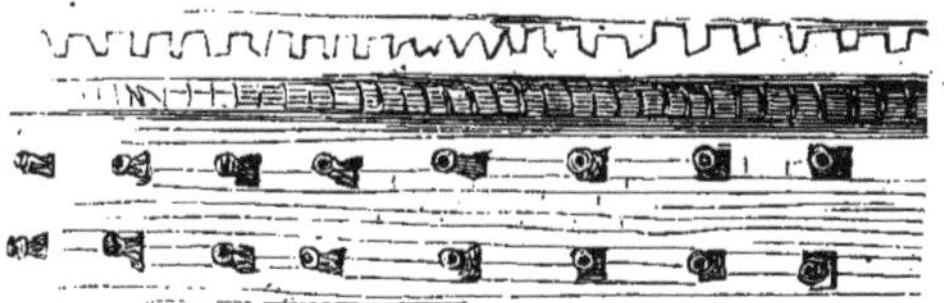

Mais, peu après la mort du grand czar, les héritiers sont forcés de reconnaître que les scellés de ses biens sont difficiles à rompre.

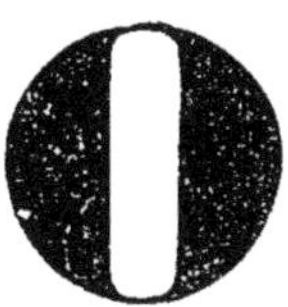

Règne de Pierre II.

Règne de Pierre III.

Catherine II monte sur le trône de toutes les Russies.

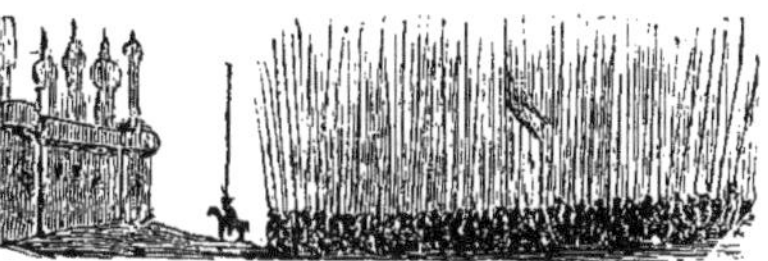

Par conséquent elle se rend sous les murs de Constantinople. Première sommation faite à cette ville de se rendre.

Deuxième sommation.

Troisième sommation faite au nom de l'orthodoxie, de l'équilibre européen et des héros de 1812.

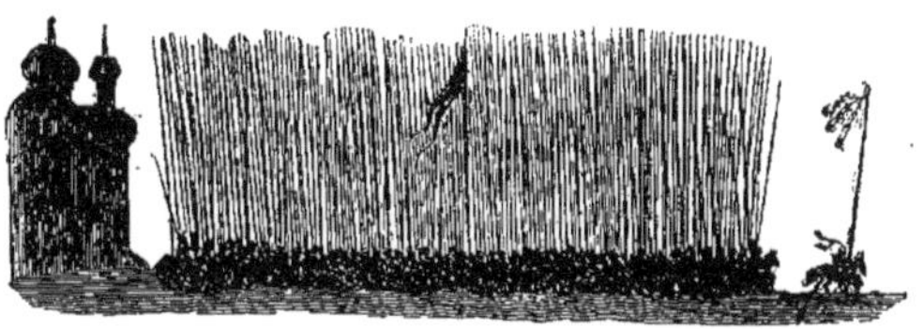

Le refus ayant été péremptoire, Catherine croit pouvoir s'en retourner sans inquiétude dans ses États.

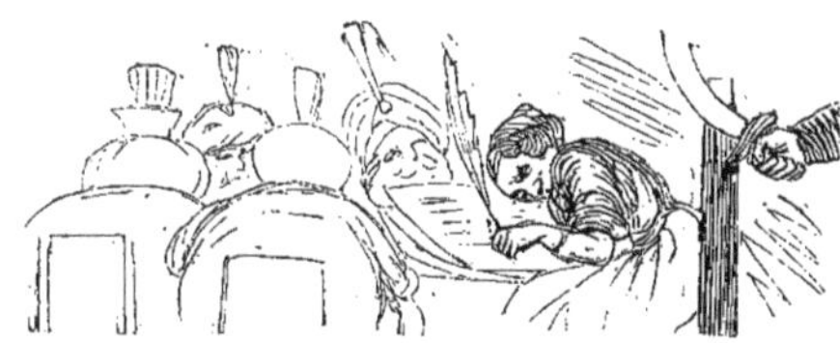

CÉLÈBRE TRAITÉ DE KAÏNARDJI.

Toutefois, Catherine, avant de regagner la Russie, tient à s'assurer, par un traité rigoureux, que l'équilibre européen n'a pas été le moins du monde compromis par ces malheureux événements. Elle convoque les grands de Turquie, et signe, à Kaïnardji, le traité à jamais célèbre, où elle s'engage à s'être dorénavant trompée du tout au tout, en croyant l'instant venu de s'emparer de Constantinople, et où elle se fait garantir, par la signature du sultan, que la guerre de conquête n'est plus de ce siècle

Tranquille de ce côté, Catherine rentre à Pétersbourg et ne songe plus qu'à s'assurer de l'attachement de quelques jeunes officiers. Amour! amour! quand tu nous *tiens*.

Le traité de Kaïnardji ayant rendu à l'Europe les garanties d'une paix générale et durable, Catherine peut s'abandonner sans arrière-pensée aux délices de la civilisation et organiser une cour telle, que chacun la lui fasse.

Vous vous étonnez, chers lecteurs, de voir mon dessin représenter une orgie romaine, au lieu d'une orgie russe; mais, vous répondrai-je à cela, avez-vous jamais vu une orgie russe? Si vous n'en avez point vue, que Dieu vous préserve d'en voir jamais; si, comme moi, vous en avez vu, que Dieu vous le pardonne; et alors vous avez compris qu'une pareille chose n'est point faisable dans un livre de bonne compagnie. J'ai donc voulu ennoblir cet indécent tableau, en le rendant romain et en le transportant dans les siècles les plus reculés. D'ailleurs, n'est-il pas de notoriété publique que le vice et la débauche ne peuvent être nobles en peinture qu'à condition d'être antiques, c'est-à-dire de bonne école. Pour moi, je n'y connais rien, mais demandez plutôt à un peintre de goût ou à un lauréat de l'école des Beaux-Arts, ils sauront vous dire cela.

Plus loin, mon crayon, s'arrête scandalisé devant les pages de Karamsin, et refuse de me rendre plus longtemps ses services. Je le prie, je le supplie, en lui représentant mon désir de me faire connaître; il hésite un instant.

Rien n'est fantasque et minaudier comme mon crayon, quand il est aux prises avec la pudeur, d'une part, et la démangeaison de se produire, de l'autre.

Il s'approche enfin de mon oreille, et me dépeint, en quelques mots, ce que serait la reproduction dessinée des pages suivantes : ma rougeur seule et le trouble de mes traits doivent vous donner une idée suffisante de ce que je m'entends dire.

Mais les choses ne se passent point comme cela. Mon éditeur, avec lequel j'ai traité de commenter par le crayon autant que par la plume tous les règnes de cette grande histoire, vient me rappeler mes engagements, en m'accusant de déguiser ma mauvaise volonté sous des prétextes d'impuissance. Ce n'est pas que M. Bry ne soit un homme décent, bien au contraire, c'est l'éditeur *convenable* par excellence; et sa pruderie de libraire devient même proverbiale; mais, en Français de Paris qu'il est, il demeure convaincu que la gaîté peut et doit tout habiller agréablement.

Aux accusations de déloyauté et aux menaces de procès, je dois m'exécuter. Mais, comment ferai-je, mon Dieu? Maudit soit le jour où j'entrevis pour la première fois le visage d'un éditeur!

L'impudique entêtement de mon éditeur ne tarde pas à nous conduire au tribunal de la morale publique Quant à moi, je me disculpe facilement, d'abord en rejetant la faute sur Bry, ensuite en prouvant que je n'avais pas encore lu les historiens lorsque je signai le traité.

Quant à lui, il n'a point d'excuses, il se voit honteusement condamné à feuildevigner les pages de son livre qui représentent le règne de Catherine, ce qui dépare son édition et l'expose à l'insuccès.

Conservons cependant notre rôle d'historien impartial, et sachons ·ndre une entière justice aux rares traits d'humanité dont Cathene fit preuve. Malgré les nombreuses insurrections auxquelles fut a proie son empire vers la fin de son règne, elle trouva le temps e fonder des hospices, et affecta même de faire donner aux insurgés lessés des soins plus actifs qu'à tout autre malade.

C'est encore sous ces *hospices* que l'on fonde une quantité d'écoles, surtout géologiques, dont elle rend la fréquentation forcée; mais cette activité soudaine fatigue Catherine et amène sa mort.

Convoi de Catherine.

Le gouvernement et les actes de Catherine avaient été droit au ur des Russes. Cette princesse, bonne jusqu'à l'expansion, les avait éris jusqu'à les gâter.

Jalouse des succès que venaient d'obtenir les mémoires du roi de Prusse, Catherine avait songé à écrire les siens; et c'est depuis que la couleur prussienne a déteint sur elle, première femme qui écrivit, que l'on créa l'expression proverbiale de bas bleu, expression d'autant plus juste que l'on n'avait vu dans ces mémoires que des effets de jambe.

L'adroite princesse n'avait rien négligé pour rendre attachante la lecture de ses œuvres.

A la mort de la grande princesse, la plupart de ses sujets la pleurent comme jamais on ne vit pleurer une reine.

On lui doit d'avoir effacé chez le Russe l'homme sauvage et rude, l'ancien sse, et d'avoir adouci sa nature au point qu'on s'en aperçoive à l'aspect seul son extérieur.

Quelques galants chevaliers, ayant cru voir percer quelque fatuité dans ce chagrin si violent, entreprennent généreusement de défendre l'honneur de la reine défunte. Aussi le sol de la Russie se couvre-t-il bientôt de duels de toute sorte.

Mais, à son avénement au trône, Paul Ier, pour parer à cet immense scandale causé par la mémoire de sa mère et la générosité de ses défenseurs, lance un ukase par lequel il supprime la parole.

Il s'assure, par d'énergiques moyens, qu'on se conformera à cet ukase.

Mais qui ne peut parler par la voix, parle avec le geste

Aussi, voyant que c'est le cas ou jamais de montrer de l'énergie à ces rebelles, Paul lance un second ukase, par lequel il supprime la pensée.

Le jour suivant, quelques-uns de ses sujets s'étant surpris à penser, s'empressent de tromper leur anxiété en *soignant* leurs chevaux.

Ce régime de terreur arrive à donner au pays l'aspect le plus singulier.

Ce régime d'intimidation terrible a donné au peuple russe un caractère si bas et si rampant que son maintien seul le révèle.

La terreur devient si générale qu'elle gagne Paul lui-même; et on sait combien le mal de la peur est analogue à celui des czars, aussi en mourut-il en quelques heures.

Heureusement que ce tyran inflexible a pour successeur un prince libéral et magnanime, Alexandre, qui s'empresse de relever ses nouveaux sujets de l'état de prostration où les a plongés la tyrannie.

Mais, voyant avec douleur que la bassesse est inhérente au caractère des Russes, ce prince magnanime verse sur l'ignominie de son peuple les larmes d'un généreux dépit.

Il a cependant le bonheur de trouver sur la surface immense de son empire quelques auteurs d'écrits libéraux, qu'il s'empresse d'élever aux plus hautes dignités.

Ces écrits ayant été pris par quelques-uns au pied de la lettre, Alexandre fait observer aux naïfs doctrinaires qu'un progrès trop hâté a toujours amené la réaction.

Néanmoins, ce procédé, dont il n'a usé qu'à contre cœur, lui fait verse des larmes sur les dures exigences de sa politique.

L'horreur du sang amène ce prince magnanime à supprimer la peine de mort et à y substituer tout simplement la peine de vie. Grand désappointement de ses intelligents sujets.

Continuant à n'avoir pour but que l'humanité et l'adoucissement des peines, ce prince rempli de cœur trouve moyen d'empêcher que désormais ses déportés de Sibérie n'en reviennent les membres perclus par le froid.

Mais une chose, une seule chose porte une ombre constante au cœur du philosophe autocrate, c'est que la guerre soit encore possible dans ce siècle de civilisation et d'amour; témoin les instruments horribles et scandaleux qu'on laisse encore subsister.

Aussi, dans sa noble impatience de donner au monde ces garanties d'une paix universelle et inviolable, il réunit les souverains de l'Europe dans un congrès, où il leur propose de signer que le territoire de chaque nation est inviolable, sous toute espèce de prétexte, dans le cas excepté (mais ce cas est impossible) d'insulte à l'orthodoxie, mais encore est-ce inutile à dire, car il n'y a d'orthodoxie qu'en Russie, et la Russie ne veut plus la guerre; et, en outre, de lui conférer à lui, le plus fort, la charge onéreuse, mais noble, de châtier tous ceux qui enfreindraient le traité.

Quelques esprits exacts, soupçonnant que la *charge* dont il parle n'est pas drôle, se disposent à lui demander de mieux leur expliquer le sens de certains mots du traité.

1812.

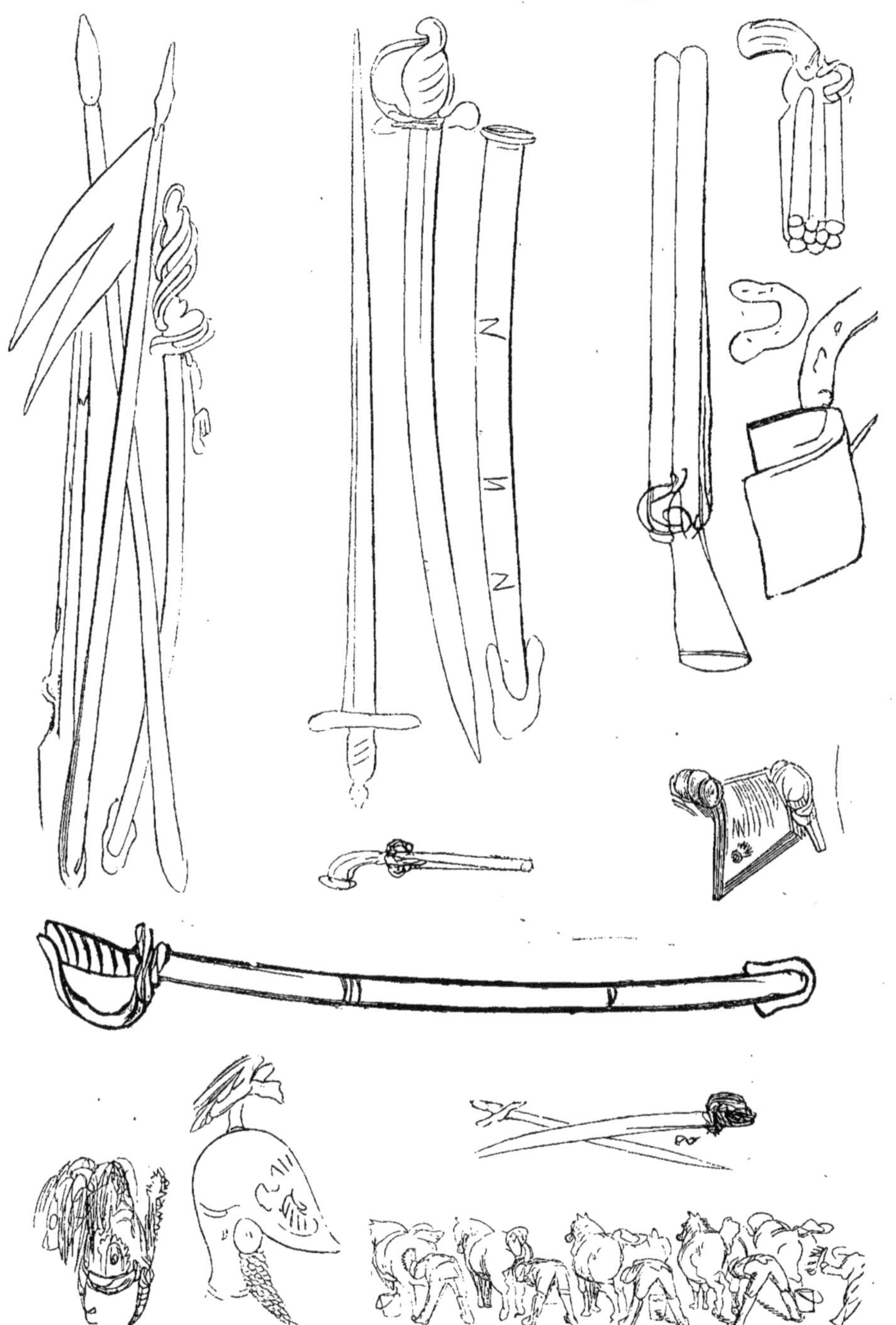

Avénement au trône de Nicolas Ier, et réorganisation de l'armée de terre.

Création d'un conseil où l'on est parfaitement dispensé de donner le sien.

Création d'une société d'encouragement pour l'engrais des bestiaux, sous le patronage de Sa Majesté impériale. Distribution solennelle des prix.

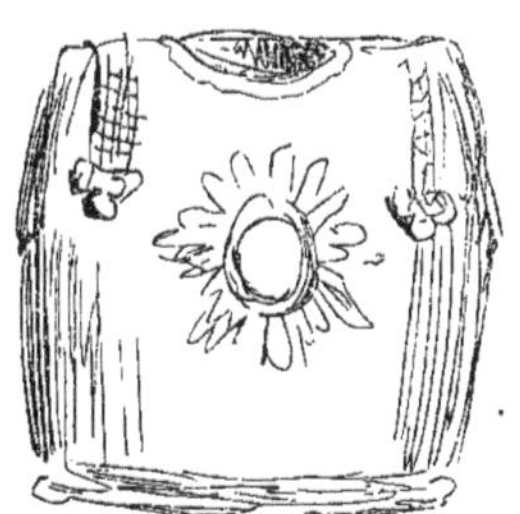

1828. — 1832.

Remplacement de la cuirasse jaune et sans soleil par la cuirasse jaune et argent avec soleil dans le milieu.

1832. — 1836.

Remplacement du panache droit et jaune clair par le panache pleureur, bleu, rouge et vert.

GRAND BAL A LA COUR DE RUSSIE.

Circonstance où l'on est à même de se confirmer dans cette opinion déjà très répandue, que l'empereur, le plus bel homme qu'on puisse voir, dépasse d'une coudée toute sa nation.

Quelques acteurs français, engagés au théâtre de la cour de Petersbourg, sont fort étonnés de voir que le rôle qu'on préfère leur faire jouer est celui de spectateurs.

En esprits rassis qu'ils sont, les Russes piquent de ne donner accueil qu'aux ar-tes rompus au théâtre; aussi chargent-ils rs *petits voisins* du soin de *leur* mûrir ces ents

assez pour qu'il ne leur reste plus qu'à les entretenir.

Retour en France de la ci-devant danseuse, dont les moyens se sont encore développés.

Cour d'assises de Crondstadt, autrement dit bureau du visa des passeports.

Autre position dans laquelle il faut souvent attendre si l'on trouve le passeport en règle et reconnaître qu'il ne tient qu'à un fil qu'on n'y puisse entrer.

Après cela, il ne reste plus qu'à laisser soigneusement sonder ses opinions

Voyageur nouvellement arrivé en Russie, trouvant, comme M. Custine, qu'à Pétersbourg la surveillance est telle que les murs ont des oreilles.

Noble étranger auquel de hautes protections ont fait obtenir du czar l'extrême faveur de visiter ses musées nationaux.

Physionomie qu'a prise la population de Saint-Pétersbourg depuis que l'empereur Nicolas a fait concevoir une si haute opinion de l'organisation de sa police.

Soupçons, enquête, procès, jugement et condamnation d'un sujet russe incriminé de libéralisme.

Ah ça! ah ça!..... mais j'ai bien envie de me faire mettre sous la surveillance de la haute police.

Préfecture de police de l'empire de Russie.

Les patineurs du lac Ladoga.

Anniversaire de la victoire d'Austerlitz.

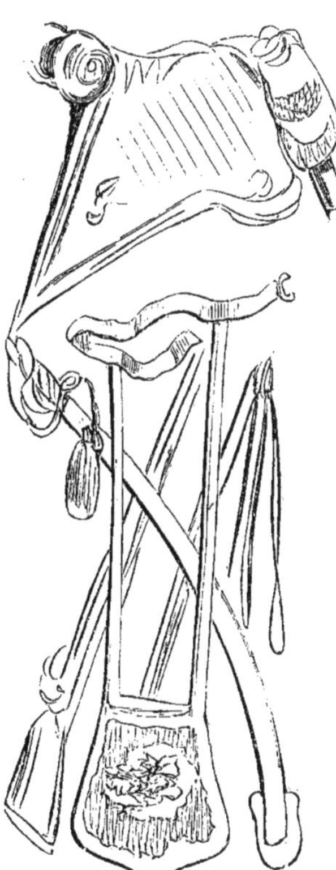

Croquis fait à la frontière de toutes les Russies.

19

La grande salade orthodoxe, rite décennal du culte gréco-russe.

Foi, espérance et charité de l'orthodoxie russe.

Un jour de salade, le czar Nicolas retrouve, parmi la ribambelle d'anciens et de nouveaux testaments que contient le saladier, un testament plus nouveau encore, tracé de la main de l'apôtre Pierre, et rougit d'avoir pu oublier qu'il en avait été nommé l'exécuteur.

Le torrent d'idées que réveille dans son cerveau de czar cette retrouvaille inattendue le rende sur-le-champ chauve d'ambition.

Après quoi, il songe à mettre à exécution au plus vite ses vastes projets. Mais, à l'apparence d'humilité qu'il trouve à sa nation, il craint d'en faire difficilement des héros et des conquérants. Mais l'instant d'après, le Dieu de l'orthodoxie l'inspire et lui souffle que l'on n'est point bas sans qu'on quête.

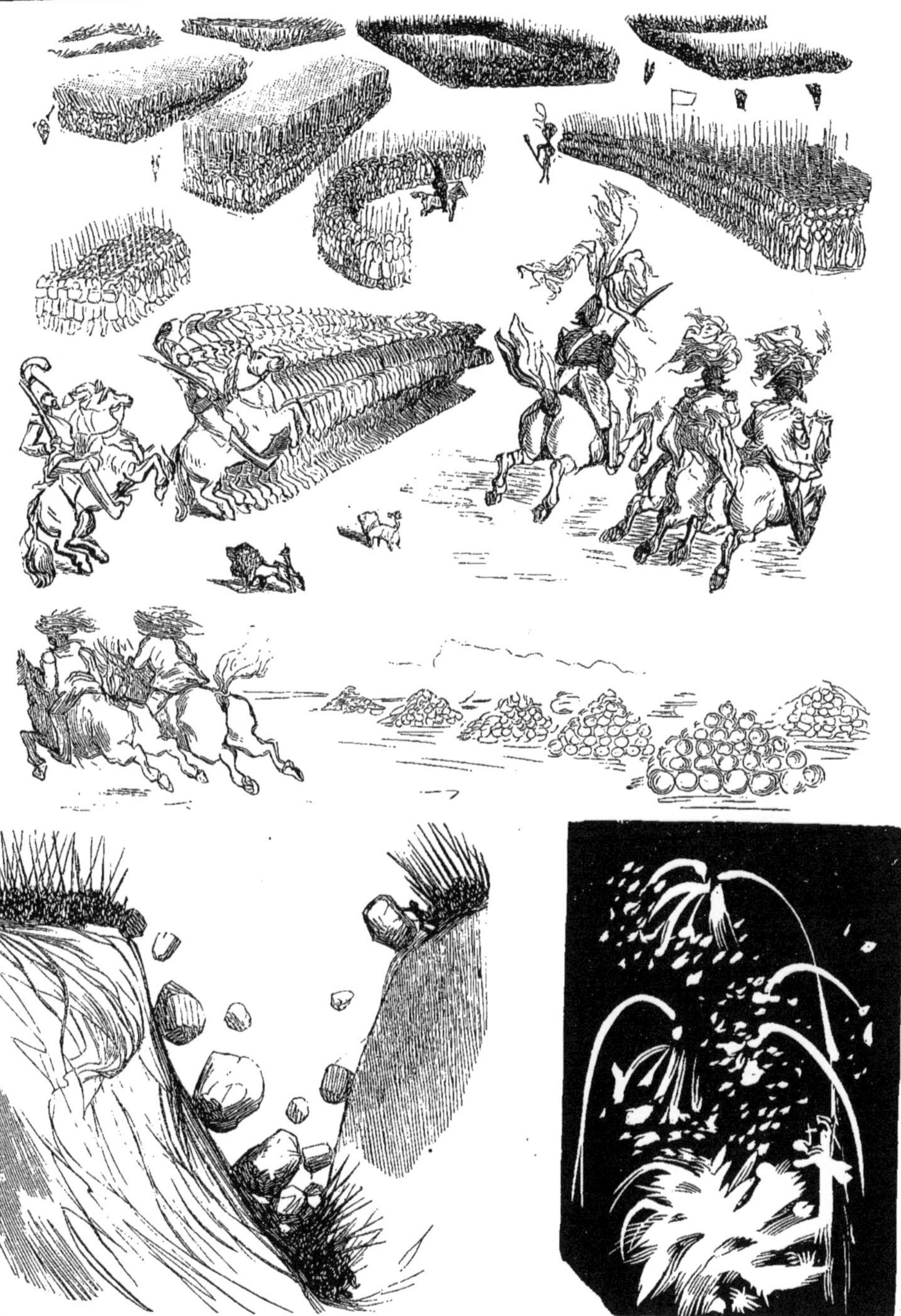

Guerre du Caucase; ouverture des hostilités. Le général Osten-Sacken rapporte à S. M. l'empereur que, sauf quelques accidents dus aux chutes de terrain, l'armée sainte a débuté par des succès écrasants.

Célébration à Saint-Pétersbourg de cette écrasante victoire.

Un jeu succède à l'autre : celui de l'écarté devient la passion, la fureur des grands, et s'étend en un clin d'œil à tous les poings de l'empire.

Arrivés bientôt à comprendre toute la justesse de la devise de *Robert-le-Diable*, les seigneurs russes changent leur enjeu et jouent leurs biens en terre, et par suite leurs biens en chair.

Quelques serfs perdus au jeu vont trouver leur nouveau maître , par malheur, vient d'éprouver un revirement d'infortune et a du jusqu'à sa chemise.

Un malencontreux coup de vent étant survenu, ces bonnes gens ont la douleur de voir pour la première fois un seigneur à l'état de nature, ce qui jette le plus grand désordre dans leurs idées.

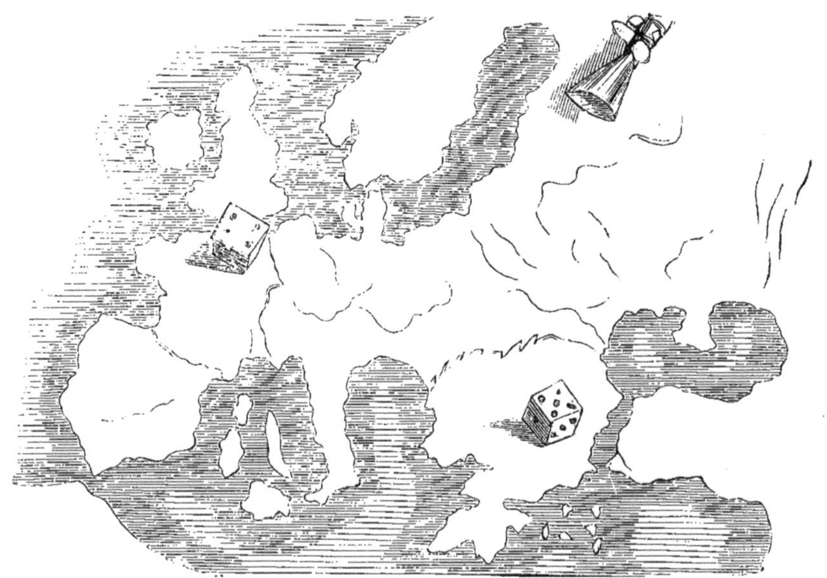

Cette passion furieuse du jeu ayant atteint la cour, l'autocratie elle-même se sent atteinte et débute par un enjeu qui fait honneur à ses moyens.

Un paisible laboureur de Turquie cherche à comprendre l'énigme qui vient de tomber dans son champ, et se propose d'en référer à Sa Majesté le sultan.

Ce même aérolithe vient de tomber sur la Manche, en s'appuyant sur l'Angleterre, d'une part, et sur la France, de l'autre. Chacune des deux nations dont les rives ont été également lésées, convient de fournir le même nombre de bras pour noyer ce projectile.

Sur ces entrefaites, des émissaires russes viennent réclamer l'objet au laboureur, qui n'a d'autre excuse que se déclarer trop faible pour écarter un pareil fardeau, en ajoutant néanmoins qu'il attendait l'aide de quelques amis.

Mais soyons clair, si nous voulons être intéressant, et quittons la forme parabolique, qui, du reste, ne saurait convenir à l'histoire, pour nous borner à la simple narration des faits qui viennent de réveiller la guerre en Europe.

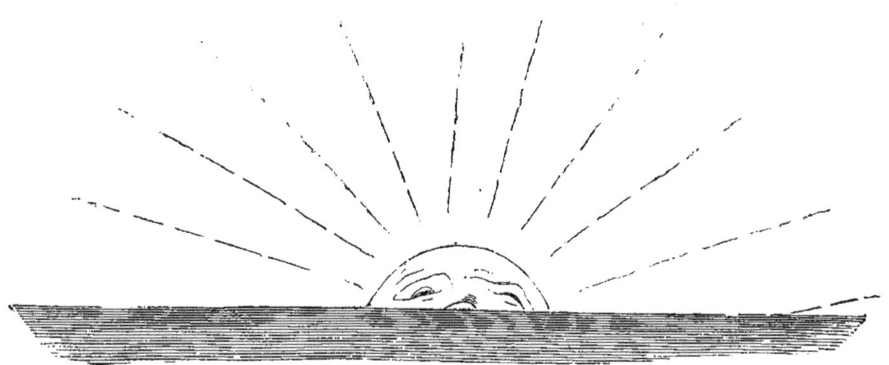

C'était par une belle matinée de mai. Les vents étaient doux et le ciel sans nuages. Le soleil s'était levé radieux sur le Pont-Euxin et annonçait un beau jour.

Aussi, grande était la joie de la population turque, qui ce jour-là avait à célébrer la fête la plus splendide et la plus joyeuse de l'année.

Le soir même, il y eut, comme vous pouvez penser, grand dîner à la cour; ce qui se passa avec la plus grande gaîté et à la fois la plus grande munificence que l'on puisse imaginer.

Au sortir de table, le prince de Mentschikoff, qui avait été l'un des convives les plus enjoués et les plus sémillants, s'approche de S. M. le sultan, qu'il prend en particulier et lui tient ces quelques menus propos :

— Mon cher monsieur, je m'étais promis de vous faire, au dessert, une petite confidence, j'oserais même dire une petite surprise; mais la défiance que m'ont inspirée mes voisins et le brouhaha insupportable des mille et une conversations m'ont fait remettre la chose jusqu'à cet instant.

Vous n'êtes pas sans savoir, mon cher monsieur, que de tout temps la Russie a été à même d'entretenir 1,200,000 hommes d'armée régulière, et d'en mettre, au besoin, 2,000,000 sur un pied de guerre. Cette armée, sorte de police ou de justice exécutive des peuples européens, n'a jamais manqué à son devoir quand la paix a semblé péricliter chez un de nos trop faibles limitrophes. Aussi, à la moindre demande de secours de *ces messieurs*, Sa Majesté Impériale a-t-elle toujours mis la plus grande diligence à aller administrer aux téméraires mutins les terribles férules de son autocratie. Mais elle vient de se montrer encore mieux disposée pour vous, monsieur, qu'elle a toujours honoré et honore encore de son amitié toute particulière et de sa préférence bien marquée... D'autres, pour obtenir d'elle de généreux subsides (comme, du reste, vous avez pu vous-même le voir dans ces dernières années) ont eu besoin de demander; mais quant à vous, monsieur, elle a prévenu vos désirs, voulant vous éviter par là tout ce qu'une prière eût exigé de sacrifices à votre fière nature de sultan. Ainsi, le croirez-vous, deux cent mille hommes campent déjà à la frontière de votre empire, prêts à passer le Pruth et à rétablir l'ordre (si toutefois vous voulez bien nous seconder; mais cela ne serait que juste) entre nos turbulents coreligionnaires et vos fougueux et intolérants disciples de Mahomet. Ah çà, qu'en dites-vous, monsieur, est-ce savoir vivre; est-ce vous aimer, est-ce vous gâter?...

— Sacrrristi! monsieur, ce n'est qu'entre palefreniers ou entre bourgeois enrichis qu'on se tape sur le ventre, et si un pareil geste vous arrive encore, je vous prierai de *prendre la Porte*.

— C'est précisément ce que j'allais me faire l'honneur de vous proposer; car, à parler franchement, les devoirs de la civilité russe m'avaient imposé de prendre quelque détour en vous parlant, mais avec un rustaud comme vous qui prend ombrage de ce qu'un bon ami lui tape sur le ventre, il n'est plus besoin de prendre des mitaines, et à des outrages immérités un noble russe peut bien répondre par de la *franchise*. Oui, monsieur, nous avons éprouvé dans le début quelque embarras à vous exprimer que vos mahométans sont des polissons, des va-nu-pieds, des vauriens, des Turcs enfin. Sans doute, tout cela était dur à dire; aussi avions-nous eu un instant la généreuse idée d'inculper nos coreligionnaires de quelque turbulence; mais avec un homme aussi inconséquent que vous, il n'y a plus qu'à parler franchement.

Assez longtemps nos généreux confrères en la foi orthodoxe ont supporté la farouche indifférence qu'exercent sur eux vos cruels disciples du Koran, sans compter les scandales répétés qu'occasionne le nombre de leurs femmes; en outre, votre ville est pleine de chiens non muselés qui leur causent la plus grande peur, ce dont vous n'avez jamais daigné tenir le moindre compte. Quand vous avez mis en avant le beau et grand mot d'*hospitalité*, vous n'ignoriez cependant pas que donner à quelqu'un l'hospitalité, c'est lui dire : *Faites comme chez vous*. Or, en Turquie ou à Constantinople, nos sujets sont-ils ou ne sont-ils pas chez eux?... Non, non, évidemment non. Je ne parlerai pas de ce détroit dont l'étroitesse semble une entrave constante, un éternel défi jeté à nos libertés maritimes. Tout cela, monsieur, ne pouvait se supporter aussi longtemps qu'avec la continence inouïe de notre magnanime empereur; mais puisque c'est vous, monsieur, qui avez l'outrecuidance de rompre la glace, nous pouvons hautement vous exprimer nos griefs et vous donner même à entendre que tout cela réclame une vengeance digne des soldats de 1812.... Voyez-vous, mon cher monsieur, vous vous entêtez à gouverner chez vous en maître, insolente dérision du pouvoir de mon souverain. Au point où tout en est maintenant, votre seule abdication en faveur du czar mon maître peut encore tout réparer; voyez d'ici à demain ce que vous comptez faire. Quant à moi, je suis forcé de vous quitter; je vois à la pendule dix heures et j'ai du monde chez moi. Voyez, réfléchissez et venez me voir demain ou après. Bonsoir.

Quelques longues et cruelles journées s'étant écoulées sans que S. M. le sultan aille voir Son Excellence et réparer de son mieux sa susceptibilité de l'autre soir, le prince Mentschikoff se rend lui-même chez Abdul, et déposant à la porte du palais tout reste d'orgueil et d'insolence moscovite pour ne songer qu'à son devoir de diplomate conciliateur :

— Mon cher monsieur, dit-il en entrant, je viens tenter auprès de vous un dernier effort pour détourner l'imminence de la crise européenne que vous allez éveiller par votre fatal entêtement. Encore une fois, laissez-nous régner chez vous et tout sera oublié; les bienfaits du calme seront rendus au monde, et tout refleurira sous le souffle fécondant d'une paix universelle. Si, au contraire, votre folle inexpérience en décide autrement, que verrons-nous? La guerre avec toutes ses horreurs! la guerre!! Quel mot cruel à prononcer et que mes lèvres me semblaient avoir oublié pour jamais. La guerre!!! Savez-vous bien, monsieur, ce que c'est que la guerre? C'est le sang coulant à flots et rougissant les fleuves; c'est l'incendie de la chaumière du pauvre; c'est le mariage des bossus! La guerre! .. c'est la fin de l'amour et de la charité; c'est la vengeance de la barbarie sur la civilisation; c'est la haine pour celui dont on n'a pas encore distingué les traits; c'est le retour vers les siècles passés; c'est la folie, la fureur, l'ignorance; c'est la vieille Europe déchirant la nouvelle de ses ongles jaloux. Ah! par grâce, songez encore à tout le sang que vous allez faire verser, et quel sang? Le meilleur de notre peuple et du vôtre. De perfides amis, ou quelques peuples retardataires de la civilisation vous perdent, ou par leur méchanceté, ou par leur bêtise. Croyez-vous que la France et l'Angleterre, ces deux nations perfides, en mettant en avant les mots d'honneur, de loyauté et de pacification, ne cachent point derrière cela le projet de maintenir les traités de la vieille et belliqueuse Europe et de se défendre elles-mêmes contre notre juste convoitise?

— Vous parlez d'intégrité! En serez-vous moins intègre, si vous remplissez honnêtement le poste que vous octroiera la munificence de mon maître? — Assez, monsieur, répond Abdul, il est temps que ces *outrages-ci se nettoient.* — *Si ce n'est toi*, c'est donc ton frère; si ce n'est lui, c'est donc quelqu'un des tiens. Ah! pardon, je récite, je me trouble, et... — Mais non, mais non, au contraire, j'ai toujours rendu justice au talent d'imiter qu'a le peuple russe; seulement, je vous ferai observer que puisque vous me prenez pour l'agneau, et que vous voulez me tondre : je doute que vous en ayez *l'haleine*. Je termine en vous disant que, puisque, définitivement vous tenez tant à prendre la porte, prenez-la, je vous y engage vivement; j'ai même là deux laquais qui, en cas d'hésitation, vous prêteront main-forte.

A une invitation aussi franche, le prince, transporté de joie, regagne la capitale de son pays.

Retour du prince Mentschikoff à Saint-Pétersbourg.

Comment certains gouverneurs de Nicolas, par conseil précipité, le mirent au dernier péril.

(F. Rabelais, Histoire de la Russie et du très redoubté et très horrifique Nicolas, fils de Grandgousier, liv. I, ch. XXXIII.)

. . . . Comparurent devant Nicolas, le duc de Menuail, comte Spadassin et capitaine Merdaille, et lui dirent : « Cyre, aujourd'hui nous vous rendons le plus heureux, plus chevalereux prince qui onques fut depuis la mort d'Alexandre Macedo. — Couvrez, couvrez-vous, dist Nicolas. — Grand merci, dirent-ils, Cyre, nous sommes à nostre debvoir. Le moyen est tel. Vous laisserez ici quelque capitaine en garnison avec petite bande de gents, pour garder la place, laquelle nous semble assez forte, tant par nature, que par les remparts faits à vostre invention. Vostre armée partirez en deux, comme trop mieulx l'entendez. L'une partie ira ruer sur cet Abdul-Medjid et ses gents. Par icelle sera de prime abordée facilement desconfict. Là recouvrerez argent à tas. Car le villain en ha du content. Villain, disons-nous, par ce qu'un noble prince n'ha jamais un sol. Thésaurizer est faict de villain.

« L'aultre partie ce pendent tirera vers Onis, Sainctonge, Angomois et Gascogne : ensemble Périgord, Medoc, et és Lanes. Sans résistance prendront villes, chasteaulx et forteresses. A Bayonne, à Sainct Jean de Lus et Fontarabie, saisirez toutes les naufs, et costoyant vers Galice et Portugal, pillerez tous les lieux maritimes, jusques à Ulisbonne, où aurez renfort de tout équippage requis à un conquérant. Par le corbieu, Hespagne se rendra, car ce ne sont que madourrés. Vous passerez par l'estroict de Sibylle, et là érigerez deux colomnes plus magnifiques que celles d'Hercules, à perpétuelle mémoire de vostre nom. Et sera nommé celui destroit la mer Nicoline.

« Passée la mer Nicoline, voici Barberousse qui se rend vostre esclave. — Je, dist Nicolas, le prendrai à merci. — Voire, dirent-ils, pourvu qu'il se face baptiser. Et oppugnerez les royaulmes de Tunis, de Hippes, Argière, Bone, Corone, hardiment toute Barbarie. Passant oultre, retiendrez en vostre main Majorque, Minorque, Sardaigne, Corsique et aultres isles de la mer Ligustique et Baleare. Costoyant à gauche, dominerez toute la Gaule Narbonique, Provence, et Allobroges, Gênes, Florence, Lucques, et à Dieu seas Rome. Le pauvre monsieur du pape meurt desja de paour. — Par ma foi, dist Nicolas, je ne lui baiserai ja sa pantophle.

— Prinse Italie, voilà Naples, Calabre, Apoule et Sicile toutes à sac, et Malthe avec. Je voudrois bien que les plaisants chevaliers adis Rhodiens vous résistassent, pour veoir de leur urine. — Je irois, dist Nicolas, voluntiers à Lorette. — Rien, rien, dirent-ils; ce ɔra au retour. De là prendrons Candie, Cypre, Rhodes et les isles Cyclades, et donnerons sus la Morée. Nous la tenons. Sainct Treignan, ien gard Hierusalem, car le Souldan n'est pas comparable à vostre puissance. — Je, dist-il, ferai doncques bastir le temple de Salomon. – Non, dirent-ils, encores : attendez un peu. Ne soyez jamais tant soubdain à vos entreprinses.

« Savez-vous que disoit Octavian Auguste? *Festina lentè*... Il vous convient premièrement avoir l'Asie minor, Carie, Lycie, Pamphile, llicie, Lydie, Phrygie, Mysie, Bethune, Charazie, Satalie, Samagerie, Castamena, Luga, Savasta, jusques à Euphrates. — Voirrons-ous, dist Nicolas, Babylone et le mont Sinaï? — Il n'est, dirent-ils, ja besoin pour ceste heure. N'est-ce pas assez tracassé, de avoir ansfrété la mer Hyrcane, chevaulché les deux Arménies et les trois Arabies? — Par ma foi, dist-il, nous sommes affollés. Ha, pauvres ents! — Quoi? dirent-ils. — Que boirons nous par ces déserts? Car Julian Auguste et tout son ost y moururent de soif, comme l'on ct. — Nous, dirent-ils, avons ja donné ordre à tout. Par la mer Syriace vous avez neuf mille quatorze grandes naufs chargées des meil-urs vins du monde : elles arrivarent à Japhes. Là se sont trouvés vingt et deux cents mille chameaulx et seze cents éléphants, lesquels vez prins à une chasse environ Sigeilmes, lorsqu'entrastes en Libye : et d'abundant eustes toute la caravane de la Mecha. Ne vous four-rent-ils de vin à suffisance? — Voire : mais, dist-il, nous ne busmes poinct frais. — Par la vertus, dirent-ils, non pas d'un petit pois-n, un preux, un conquérant, un prétendant, et aspirant à l'empire univers, ne peult tousjours avoir ses aises. Dieu soit loué qu'estes nu, vous et vos gents, saufs et entiers jusques au fleuve du Tigre.

— Mais, dist-il, que faict ce pendent la part de nostre armée qui desconfit ce villain humeux Abdul? — Ils ne choment pas, dirent-ils, us les rencontrerons tantost. Ils vous ont prins Bretagne, Normandie, Flandres, Hainault, Brabant, Artois, Hollande, Sélande : ils ont ssé le Rhein par sus le ventre des Souisses et Lansquenets, et part d'entre eulx ont dompté Luxembourg, la Lorraine, la Champagne, voie jusques à Lyon : auquel lieu ont trouvé vos garnisons retournants des conquestes navales de la mer Méditerranée. Et se sont reas-mblés en Bohême, après avoir mis à sac Souève, Wirtemberg, Bavière, Austriche, Moravie et Styrie. Puis ont donné fièrement ensemble s Lubeck, Norwege, Sweden, Rich, Dace, Gothie, Groenland, les Estrelins, jusques à la mer glaciale. Ce faict, conquestarent les isles rcades et subjuguarent Escosse, Angleterre et Irlande. De là navigants par la mer sabuleuse et par les Sarmates, ont vaincu et dompté russie, Polonie, Lituanie, Russie, Valachie, la Transsylvane, Hongrie, Bulgarie, Turquie, et sont à Constantinople.

— Allons nous, dist Nicolas, rendre à eux le plustôt, car je veulx estre aussi empereur de Constantinople. Ne tuerons nous pas tous s chiens Turcs et Mahumétistes? — Que diable, dirent-ils, ferons doncques? Et donnerez leurs biens et terres à ceux qui vous auront rvi honestement. — La raison, dist-il, le veult, c'est équité. Je vous donne la Carmaigne, Surie et toute la Palestine. — Ha, dirent-ils, re, c'est du bien de vous : grand merci, Dieu vous face bien tousjours prospérer. »

Là présent estoit un vieulx gentilhomme esprouvé en divers hasards, et vrai routier de guerre, nommé Echephron, lequel, ouyant ces opos dist : « J'ai grand paour que toute ceste entreprinse sera semblable à la farce du pot au laict, duquel un cordonannier se faisait che par resverie; puis le pot cassé n'eut pas de quoi disner. Que prétendez vous par ces belles conquestes? Quelle sera la fin de tant de avaulx et traverses? — Sera, dist Nicolas, que nous, retournés, reposerons à nos aises. — D'ond, dist Echephron, et si par cas jamais en retournez? Car le voyage est long et périlleux. N'est-ce mieulx que dès maintenant nous reposions, sans nous mettre en ces hasards? - O! dist Spadassin, par Dieu, voici un bon resveux; mais allons nous cacher au coin de la cheminée : et là passons avec les dames stre vie et nostre temps, à enfiler des perles, ou à filer comme Sardanapalus. Qui ne s'adventure, n'ha cheval, ni mule, ce dict Salo-on. — Qui trop, dist Echephron, s'adventure, perd cheval et mule, respondit Malcon. — Baste, dist Nicolas, passons oultre. Je ne crains e ces diables de légions de Napoléon : ce pendent que nous sommes en Mésopota-ie, s'ils nous donnoient sus la queue, quel remède? — Très bon, dist Merdaille, une lle petite commission, laquelle vous envoyerez aux Moscovites, vous mettra en camp ur un moment quatre cents cinquante mille combattants d'eslite. O si vous m'y ctes vostre lieutenant, je tueroye un peigne pour un mercier! Je mors, je rue, je ppe, j'attrappe, je tue, je renie. — Sus, sus, dist Nicolas, qu'on dépesche tout, et i m'aime si me suive! »

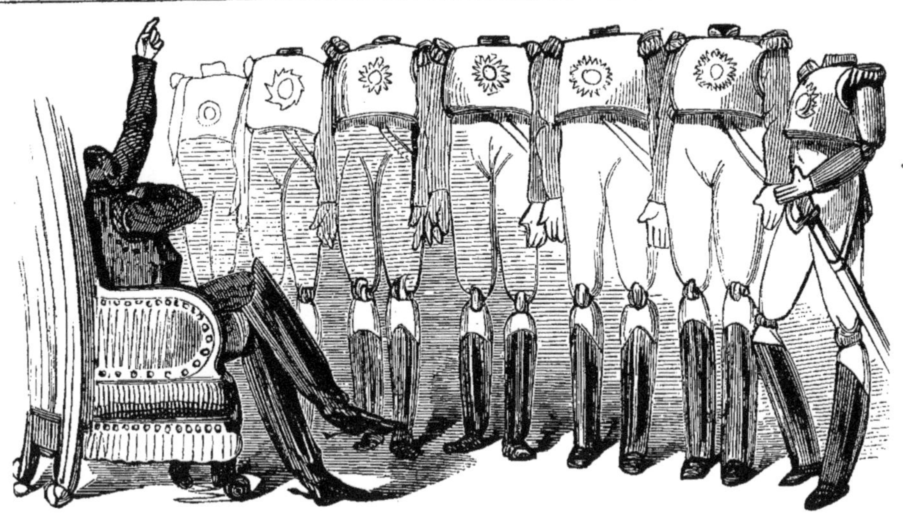

Le lendemain l'empereur Nicolas, czar de toutes les Russies, roi de toutes les Pologues, empereur de toutes les Sibéries, autocrate de tout le trrremblement (gloire à Dieu et à la très sainte orthodoxie), assemble sa garde impériale et lui tient ce discours plein de grandeur :

« Croisés!!! En ce jour solennel je vous assemble pour vous dire que le moment est enfin venu de vous révéler à la vieille Europe. Voici tantôt 44 ans qu'aucune nation de ce continent n'a fait briller sur elle la *gloire des armes;* nous illustrer de cette façon dans ce moment de marasme universel où toutes les nations s'amollissent et s'énervent dans les fadeurs et les vices de la paix, et s'abâtardissent dans l'oubli et le *dédain de la gloire*, nous illustrer, dis-je, par la guerre, serait du plus intelligent à-propos. Debout!! et qu'à votre vue seule, l'Europe s'écroule.

« Mais laissez-moi, en czar orthodoxe que je suis, vous parler latin; ça sera plus saint, plus enthousiaste,

NICOLAUS NOBISCUM! QUIS CONTRA NOS?.....

« *Ut inimicos sanctæ Ecclesiæ humiliare digneris, te rogamus, audi nos; ut regibus et principibus christianis pacem et veram concordiam donare digneris; ut cuncto populo christiano pacem et unitatem largiri digneris, te rogamus, audi nos. Esto nobis, domine, turris fortitudinis à facie inimici. Aamen.* Le temps est passé, jeunes héros, le temps où l'on se battait pour la défense de son pays; quelques nations de la vieille Europe en sont encore là, je le sais, mais c'est là notre avantage. Mais à vous, que *czar et gloire* soit votre seul drapeau; écoutez les paroles de l'ange inspiré : *Mandavit Deus nubibus desuper, et januas cœli aperuit, et pluit illis, etc. Alleluia : Ps.* : « *Attendite populi mei, legem meam; inclinate aurem vestram in verba oris mei. Gloria patri, etc.* Ne croyez pas aux revers, nous n'en devons point connaître, puisque nous avons pour nous le Dieu des armées : « *Si fractus illabatur orbis, impavidum ferient ruinæ.* Allez châtier les mécréants qui veulent substituer l'abâtardissement à la guerre, cette reine de l'Ancien-Testament. Prouvez-leur, à ces gens qui doutent de votre force, que vous êtes toujours ces terribles barbares de l'an 1812. Le soleil d'Austerlitz, où, comme vous savez, vous fûtes vainqueurs, se lève de nouveau pour vous. *Nicolaus et Deus vobis cum; quis contra vos?* Je vous confère ce drapeau, pénétrez-vous de sa devise : *In hoc signo vinces.* Encore un mot : je vous sais invincibles; il est donc inutile de vous rappeler le souvenir glorieux de 1812. Cependant si votre courage vous faisait défaut (mais ça ne sera pas), que ce millésime soit votre cri de guerre : 1812!!... 1812!!... 1812!... *Lapides clamabunt.* Sur ce, je vous autorise à laisser éclater votre enthousiasme; je vous recommande surtout ces perfides Français qui en dessous-main civilisent et concilient tout : à des gens qui ont l'infamie de publier des correspondances confidentielles, il n'y a point de quartier à faire : et puis Paris est beau, Paris est grand, Londres est riche, Constantinople est magique, et Dieu est infini dans ses bienfaits et sa miséricorde. *Gloria Patri*, etc. Je vous confie l'honneur de planter le pavillon russe sur toutes les capitales de l'Europe païenne et barbare : 1812!!... 1812!!... Mais ce seul cri me plonge dans le délire! mon bon 1812, mon chéri 1812!! mon mignon; mais j'en pleure, ma foi, *et ecce lacrymabar!!!* 1812, 1812, 1812!! 1812, ma gloire, 1812!! mon salut! *Domine, Domine! ad te clamavi*, 1812. *Tityre tu patulæ recubans sub tegmine*, etc., etc. Allez et que la foi vous conduise! 1812!!! vous vaincrez, et de vos aïeux vous ne compromettrez pas l'avenir!!! Amen!

Conseil tenu pour savoir quels sont les moyens les plus énergiques à prendre pour avoir vaincu à Odessa.

Les frelons et les abeilles.

(*Air du bon roi Dagobert.*)

Le czar pour y voir clair
Prenait sa lunette à l'envers.
Un de ses boyards
Lui dit : O mon czar,
Votre Majesté
Prend du gros côté.
C'est faux, lui dit le roi,
Je veux que l'envers soit l'endroit.

Le bon roi Nicolas
De la paix se déclarait las.
Un de ses boyards
Lui dit : O mon czar,
Votre Majesté
Est mal orientée.
C'est vrai, lui dit le roi,
Pierre l'était plus mal que moi.

Le bon roi Nicolas
Désirait descendre plus bas.
Un de ses boyards
Lui dit : O mon czar,
Votre Majesté
Va bien s'abaisser.
C'est vrai, dit Nicolas,
Nous dégringolons pas à pas.

Le bon roi Nicolas
Rêvait aux exploits d'Attila,
Un de ses boyards
Lui dit : O mon czar,
Le rôle de Hun
N'est plus opportun.
— C'est faux, lui dit le czar,
Un n'est-il pas même que czar.

Le bon roi Nicolas
Voulait quitter les froids climats.
Un de ses boyards
Lui dit : O mon czar,
Votre Majesté
Va se faire suer.
— C'est vrai, lui dit le roi
J'aime autant brûler qu'être au froid.

Le bon roi Nicolas
Quittait les bords du Ladoga.
Un de ses boyards
Lui dit : O mon czar,
Votre Majesté
Est bien entêtée.
— C'est vrai, dit Nicolas,
Mais tu n'me désentêtras pas.

Le bon roi Nicolas
D'orthodoxie faisait fatras.
Un de ses boyards
Lui dit : O mon czar,
Vous vous déguisez
En ancien croisé.
— C'est vrai, dit Nicolas,
Mais jamais on n'me reconnaîtra.

bon roi Nicolas
Rabâchait son protectorrat.
Un de ses boyards
Lui dit : O mon czar,
Tous ces bons chrétiens
Se trouvent fort bien.
— C'est faux, lui dit le czar.
Et j'démontrerai ça plus tard.

Le bon roi Nicolas
Faisait de l'esbrouff dans ses États
Un de ses boyards
Lui dit : O mon czar.
Ce n'est que l'bâton
Qu'ils comprendront.
— C'est vrai, lui dit le roi,
J'y joindrai même la courroie.

Le bon roi Nicolas
Voulait qu'on bombarde Cronstadt (1).
Un de ses boyards
Lui dit : O mon czar,
Ils le feront tomber ;
Oh ! mais ça d'emblée.
Tant mieux, dit Nicolas,
S'il tombe, il barra la Néva.

Le bon roi Nicolas
Attendait des renforts du shah.
Un de ses boyards
Lui dit : O mon czar,
Je crois que ce shah
Vous égratignera.
C'est faux, dit Nicolas,
Prenez-vous le shah pour un chat.

Le bon roi Nicolas
Voulait qu'on attaque Odessa.
Un de ses boyards
Lui dit : O mon czar,
Votre Majesté
Est peu fortifiée.
Tant mieux, dit Nicolas,
Nous verrons des actions d'*éclat*.

(1) Passez-moi la rime ; quant à moi, je trouve que dans un pareil chapitre ces fautes deviennent permises, car on ne sait que trop que le Russe ne rime à rien.

Le bon czar Nicolas
Faisait sonner son branlebas.
Un de ses boyards
Lui dit : O mon czar,
Ils vont vous couler,
Là où l'on *n'a pied* (aye !!)
Tant mieux, lui dit le roi,
D'autres y coulèrent avant moi.

Le bon czar Nicolas
Songeait à l'amiral Dundas.
Un de ses boyards
Lui dit : O mon czar,
Ce contr'amiral,
Vous fera bien du mal.
C'est vrai, dit Nicolas ;
Mais *Osten* n'en conviendra pas.

Le bon roi Nicolas
Déplorait un pareil dégât.
Un de ses boyards
Lui dit : O mon czar,
J'ai tiré de Sinope
Un triste horoscope.
C'est vrai, dit Nicolas ;
Mais cependant j' les croyais trop civilisés et trop mous pour qu'ils en vienn' là.

Le bon roi Nicolas
Nous croyait moins bien alliés qu'ça.
Un de ses boyards
Lui dit : O mon czar,
Votre Majesté
S'est bien fourvoyée.
C'est vrai, dit Nicolas,
J'croyais qu'ils ne s'entendraient pas.

Le bon czar Nicolas
Disait que ça n'durerait pas.
Un de ses boyards
Lui dit : O mon czar,
C'est lady Sypleen
Qui tient la cantine.
C'est vrai, lui dit le roi ;
Mais cesse un peu tes airs narquois.

Le bon czar Nicolas
Voyait la France hâter le pas.
Un de ses boyards
Lui dit : O mon czar,

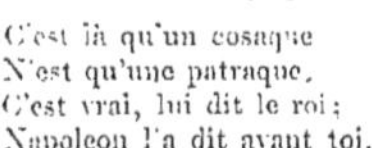

C'est là qu'un cosaque
N'est qu'une patraque.
C'est vrai, lui dit le roi ;
Napoleon l'a dit avant toi.

Le bon czar Nicolas
Demandait à sortir de là.
Un de ses boyards
Lui dit : O mon czar,

Votre Majesté
S'est bien avancée.
C'est vrai, lui dit le czar ;
Mais j'y réfléchis un peu tard.

Mais étonné de son mouvement d'humilité, l'orgueilleux czar se ravise ; et relevant une tête fière, il brise une carafe aux pieds du boyard pusillanime, pour mieux lui prouver que l'Occident ne saurait lui résister.

Mais le boyard têtu n'ayant pas voulu comprendre, l'énergique czar le lui prouve, en écrasant une mouche sur la vitre.

De là, il conduit le sage et incrédule boyard devant son armée, dont il lui fait admirer l'apparence invincible, et lui fait reconnaître, en outre, combien elle justifie cette comparaison qu'on a faite d'elle avec un papier de musique.

— Je trouve cependant, répond le monotone boyard, que dans ce papier de musique il n'y a qu'une seule pause contre bien des soupirs.....

De là, il le conduit dans ses arsenaux dont il lui fait peser les boulets.

Mais le monotone boyard lui répond que le dernier boulet qu'il recevra sera d'un bien autre poids.

Cependant l'empereur ayant trouvé cette réponse d'une profonde sagacité, conçoit soudain la plus haute opinion de l'intelligence de son conseiller et songe à l'employer, en le nommant surveillant en chef des mines de Sibérie.

Lettre de décès de l'empereur Nicolas Ier.

Toutefois, il lui donne la croix de Saint-André pour s'appuyer dans la route. Ce philosophe, qui comprend mieux que son czar la vraie orthodoxie, se console de cette nouvelle charge, en se rappelant que chacun doit porter sa croix dans ce monde.

Quelsques esprits cosmopolites et avancés blâment Napoléon III d'avoir entrepris une guerre aussi hasardeuse.

Mais quelques autres esprits moins cosmopolites peut-être, mais sans doute plus avancés le sont déjà jusqu'à Warna.

où, en attendant l'épreuve, ils se complaisent à interroger un avenir plein de gloire et surtout d'HONNEUR.

MORALE ET ÉPILOGUE.

Si ta maison debvoit ruiner, falloit-il que en sa ruine, elle tombast sur les atrés de celui qui l'avoit aornée? La chose est tant hors des bornes de raison, et tant abhorrente de sens commun que à poine peult elle être par humain entendement conçeue : et jusques à ce mourera non croyable entre les estrangers que l'effect asseuré et témoigné leur donne à entendre que rien n'est ni sainct ni sacré à ceulx qui se sont émancipés de Dieu et raison pour suivre leurs affections perverses, *voyre orthodoxes.*

(F. Rabelais, *Histoire de Russie*, ou *Vie de Gargantua.*)

.....Qu'on dit comme ça, que si on arrive, nous aut' Frrrancés, à leux y brosser leur czar, on leux y donnera plus le fouet comme à des bêtes : c'est alors que nous vous être des bons amis !!!!!!!

(Achille Champavert, caporal au 23e de ligne.

Les toiles du Nord.

Tu la troubles, reprit cette bête cruelle. (La Fontaine.)

Le diable des petits enfants

Mon Dieu! que la plupart des proverbes sont faux! Dire que, pour peindre l'impossible, on parle de prendre la lune avec les dents! C'est ce que nous allons voir.

Comme quoi les Russes veulent le siége de tout ce qui est bien assis.

ne espionne russe, assistant à la pièce des *Cosaques*, s'étonne de la façon dont lè *paradis* accueille l'orthodoxie de son maître.

T'es bête ! Champavert. Ces géants-là, c'est jamais fort, ça meurt jeune

S'il va toujours à reculons, il ne verra jamais les troubles qu'il y a derrière lui

La suprême ambition des Russes. — Ce mât de cocagne dépasse par sa hauteur même les pics les plus élevés des monts Ourals. Malgré r expérience et leur longue pratique en matière de suif, ils essaient vainement d'atteindre à la lumière. Des flots de graisse tombent essamment sur les téméraires Moscovites. Seule, la chauve-souris autocratique est parvenue à s'approcher de la flamme; mais là, la leur est trop forte, et la volatile nocturne se brûle les ailes. Les autres acteurs de ce drame glissent les uns sur les autres et se voient nacés de fondre dans la graisse (eux qui eussent voulu la fondre en eux).

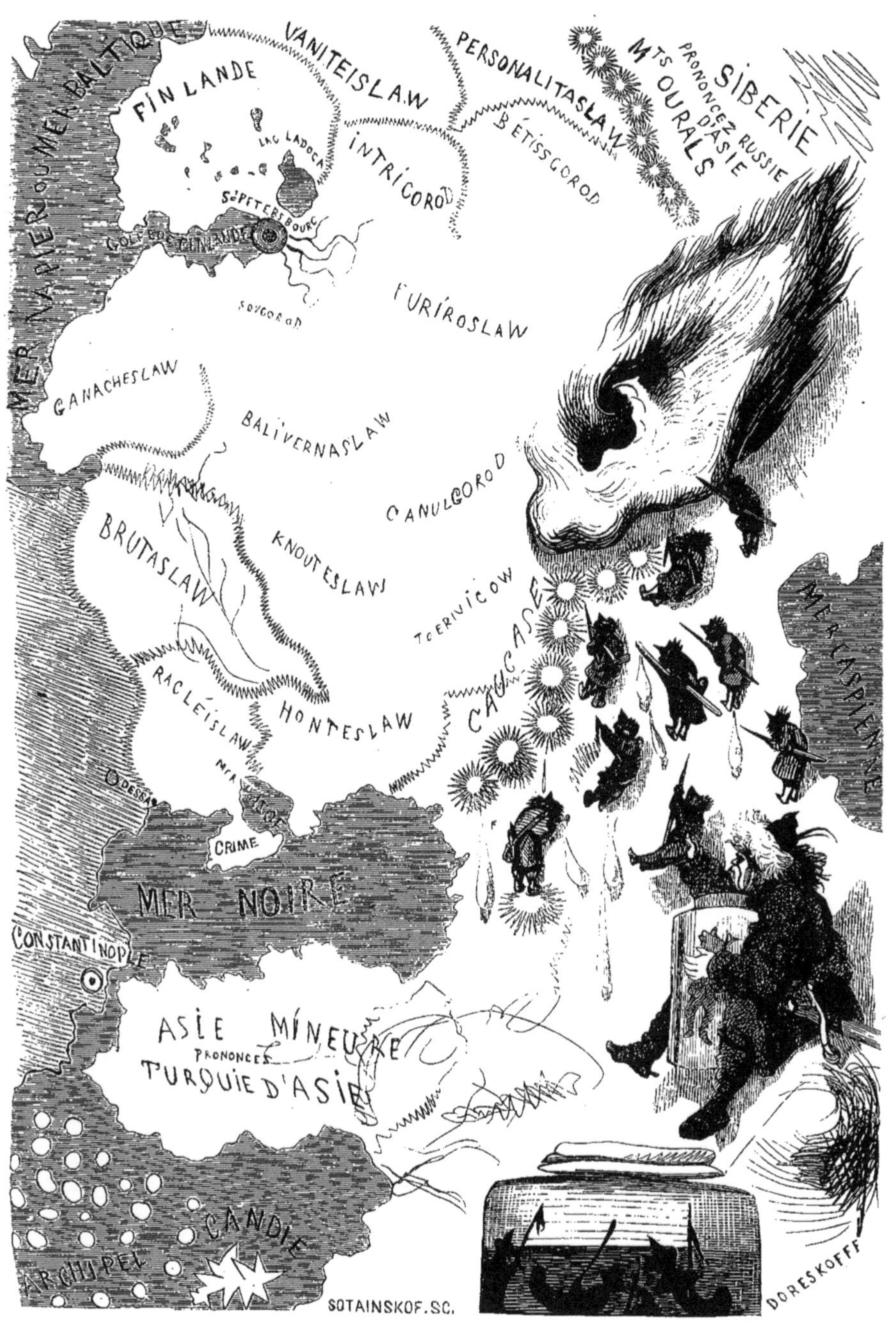

Cure annuelle de la Russie par le ministère du docteur Schamyl. Dose de cinquante sangsues caucasiennes tous les automnes.

Les brouillards du Danube ou le cauchemar moscovite.

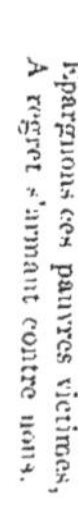

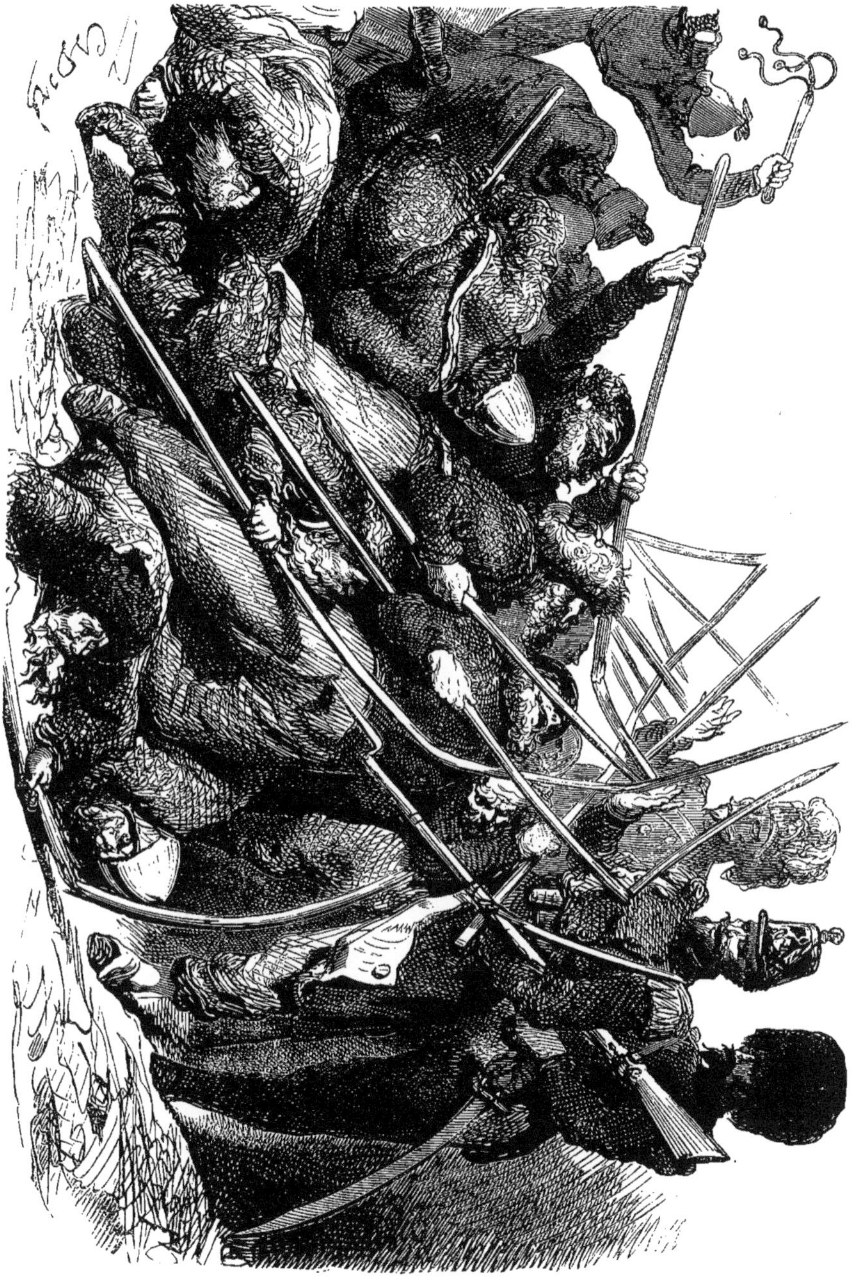

LES SOLDATS DE LA PAIX.

Épargnons ces pauvres victimes,
A regret s'armant contre nous.

1854 rencontrant 1812.

« Sont-ils heureux ! les petits, d'avoir un temps, un soleil pareil ; avec ce *bourguignon*, ils sont sûrs de leur affaire. »

Ah çà, mon vieux, tu nous a assez mâchonné ton 1812 pour l'avaler.

« Eh ben, dis donc, Champavert, nous en vl'à t'y du Russe de brûlé, quarante vaisseaux, deux cents maisons; es-tu content maintenant?

— Mon Dieu, c'est-y malheureux, tout d'même: si on pouvait seulement les échigner sans les y faire du mal!

— Champavert, tu parles comme un homme qui n'a pas vu le feu...,. ou bien encore, aurais-tu lu, Champavert, aurais-tu lu?..... »

« Champavert! Champavert! nous vons arriver tout d'même; faut c'pendant pas être un mangeux d'Russes comme çà.

— Mangeux d'Russes toi-même; tu vois donc pas qu'si nous n'y sommes pas d' suite, faudra trop beaucoup en tuer, de ces bel hommes. »

FIN.

Paris. — Impr. Lacour et Cie, rue Soufflot, 16.

www.ingramcontent.com/pod-product-compliance
Ingram Content Group UK Ltd.
Pitfield, Milton Keynes, MK11 3LW, UK
UKHW012029240726
13965UKWH00002B/668

9 782013 085922